読みなおす日本史

武田家三代

戦国大名の日常生活

笹本正治

吉川弘文館

はじめに

やってみたい職業

数年前に知人と話をしていたら、彼がやってみたい職業としてプロ野球の監督とオーケストラの指揮者、それに戦国大名を挙げた。いずれもワンマンに見え、多くの人を指揮する、目につきやすい職業である。

一流選手を集めたプロ野球のチームであれば、監督に関係なしに選手の力で勝てるだろうから、勝利インタビューだけを受ければ高い給料と名誉が得られる、なるほどプロ野球の監督はいいなあと私もその時は思った。同じくウィーン・フィルのように優秀なオーケストラなら、指揮者がいなくても十分によい演奏ができるだろうし、一方で手を振れば思うとおりの音を鳴らしてくれる、これも魅力的な職業にまちがいない。この順序からすると知人は、戦国大名も優秀な武将と多くの兵が集まっていれば、なんの苦労もなく勝ち続けられるだろうと考えたようである。

けれどもプロ野球を見ていると、どんなにお金をかけて有名選手を集めても、それだけでは勝てないらしい。オーケストラも指揮者の能力に応じて音を出すようで、指揮者が代われば同じ曲を演奏してもまったく違ったものに聞こえる。外見では楽に見えても、どちらの職業も普通の能力の人にはできない極めて難しい仕事である。してみると、戦国大名もどんなに家臣が優秀であっても、本人に能力がなければ生きのびることはできないのではなかろうか。

　プロ野球の監督や指揮者は、そのチームやオーケストラのオーナーでなく、一時的に雇われたにすぎない。ところが戦国大名はいわば軍団のオーナーにあたり、なおかつ指揮官なのである。その意味で職業として置かれた状況はまったく異なる。

　プロ野球の監督や指揮者は失敗しても辞めさせられるだけで、チームやオーケストラは存続するが、戦国大名の場合、失敗すれば一族もろともに死を覚悟しなくてはならず、軍団は消滅する。戦国大名は本人の命だけでなく、一族や家臣の生命をも預かる実にきびしい毎日を送っていたのである。本書ではそうした戦国大名の日常生活に皆様をご案内したい。

　ところで、現代のプロ野球の監督・オーケストラの指揮者と、戦国大名とは並べて論ずることができる職業なのだろうか。戦国大名は歴史小説や映画、テレビでも多く取り上げられている。その多くが、現代と戦国時代とをごっちゃにし、今の常識と視点で戦国大名を論じすぎる。外国の生活については多くの人が、国が違えば習慣も常識も異なるだろうと考える。それなのに、戦国時代人の生活については、同じ日本人なのだから容易に理解でき、現代人とあまり変わらないと理解する。しかしながら、戦国時代の社会は現在の日本人にとっての外国より遥かに異なった社会である。外国よりも異なった社会が、戦国時代およびその後の時代を通じていかに現代に近づくのか、これも興味ぶかい問題である。本書ではこの点にも留意していきたい。

戦争だけではない

多くの人は戦国大名と聞くと、代表として北条早雲《ほうじょうそううん》、武田信玄《たけだしんげん》（晴信《はるのぶ》、信玄を称するのは永禄《えいろく》二年〔一五五九〕からであるが、本書では信玄で統一する）、上杉謙信《うえすぎけんしん》（長尾景虎《ながおかげとら》、謙信を称するのは天正《てんしょう》元年〔一五七三〕からであるが、本書では上杉謙信で統一する）などの名前を思い起こし、それぞれ彼らのイメージを描く。この際には戦国大名という名称から戦争が想起され、信玄と謙信の川中島《かわなかじま》の合戦、織田信長《おだのぶなが》と今川義元《いまがわよしもと》の桶狭間《おけはざま》の合戦、毛利元就《もうりもとなり》と陶晴賢《すえはるかた》の厳島《いつくしま》の合戦などを思い浮かべる。戦国時代というネーミングにより、この時代は戦いに明け暮れていた感じを受け、戦国大名なのだから戦いは日常的で、さまざまな戦いがなされていたと考える。もちろん、戦国大名を取り上げたテレビや映画、小説などでクライマックスになるのは、戦争の場面である。

戦争を趣味や生活の糧《かて》にして、常に戦場に身を置いていた人は過去にどれだけいたのだろうか。人間は本来的に戦うために生まれてきた動物ではなく、たまたま自分たちの利益を守ったり、新たな利益を獲得するために戦争をするのであって、それ自体を目的として活動するわけではない。戦国大名も同じで、目的のために戦争をすることはあっても、戦争することが人生のすべてだったわけではない。人が生まれるためには男女の関係があり、子が育つには家庭が重要であり、成長した人間もまた子孫を作っていこうとする。この人類の連環のなかに戦国大名も置かれ、彼らにも家庭があり、人間として一般人と変わらぬ日常生活があったが、それは当時の社会に規定された。本書がとくに取り上げたいのは、そうした戦争の場以外の戦国大名の日常生活である。

甲斐武田家から

私はこれまで甲斐《かい》の武田家を中心に戦国時代の研究を行ってきた。このため編集者からは、戦国大名一般ではなくて武田家を中心にすえ戦国大名の日常生活を書くように求められた。ところが武田家は天正十年（一五八二）に滅亡したので、家に伝わった文書が残っていない。そうでなくとも日常生活を伝える史料は少ないのに、今から四百年以上も前に滅亡した家ということで、利用できる材料がわずかなのである。とくに武田家で戦国大名として最初に位置する信虎《のぶとら》の史料は、数が少ない上に検討を要するものが多い。そこで本書では戦国大名の武田家とはいっても、信玄、勝頼《かつより》の日常生活を多く語る。

この三代の間に武田家の領国は拡大し、その支配のあり方も変化した。戦国大名として一括すると三代の変化が見えなくなる。私としては三人の当主による差異に着目し、三代の間における変化を追うことにする。戦国大名武田家の当主たちを通じて、実像の戦国大名に近づいていきたい。

なお、本書はこれまで述べてきた目的のため、次のような構成になっている。

第一章では、三人の当主がいかなる過程を経て家を継いだかを確認する。家督《かとく》相続という行為のなかに、戦国大名が乗り越えていかなければならなかったさまざまなハードル、社会状況が見えると考えるからである。

第二章では、戦国大名がいかにして戦争で勝利していったかを確認する。戦いに勝つことこそが戦国大名の使命だったからである。しかし本書では戦争そのものよりも、その背後にあった意識や政策に着目したい。

第三章では、戦国大名の統治者としての側面に光を当てる。戦国大名はどうして現在に至るまで人気があるのか、それを当時の領民の立場から述べる。これによって戦国大名の歴史的な役割も明確になろう。

第四章では、戦国大名と家族の関係を見つめる。戦国大名にとって家族とはいったいどのような意味を持つのか、この点を明らかにする。

第五章では、戦国大名がどのような毎日を送っていたか、日々の暮らしについてまとめる。ここでは彼らの一生、教養や日常の信仰などについても触れる。一般の人が日常生活として想起するような、日々の営みである。

第六章では、武田家の滅亡について記す。武田家が滅亡したときの当主であった勝頼は、本書を通じて確認するように決して凡庸な戦国大名ではなかった。それなのになぜ武田家は滅亡したのか、これを明らかにすることによって戦国大名の到達点について考えたい。そしてまた、戦国大名「神話」が後世の人々によっていかに作られるかも考えたい。

目次

【注記】

歴史学は基本的に史料によって事実を構築していく。小説なら根拠なしに想像を膨らませられるが、それができない。このため本書では記述の根拠とした史料を提示したが、文章を取り上げる場合はすべて読み下し文にし、現時点でもっとも目に触れやすい史料集を前提にして出典を挙げた。その場合、(山五)とあるのは『山梨県史』史料編四の文書番号五を、(⑫一二)とあるのは『信濃史料』第一二巻一二ページ、(静五)は『静岡県史』史料編第八巻の文書番号五、(群五)は『群馬県史』第七巻の史料編の文書番号五を、(新二―三〇三)は『新潟県史』史料編中世二の文書番号三〇三を、(神一〇〇〇)は『神奈川県史』資料編三の文書番号一〇〇〇を、それぞれ示す。

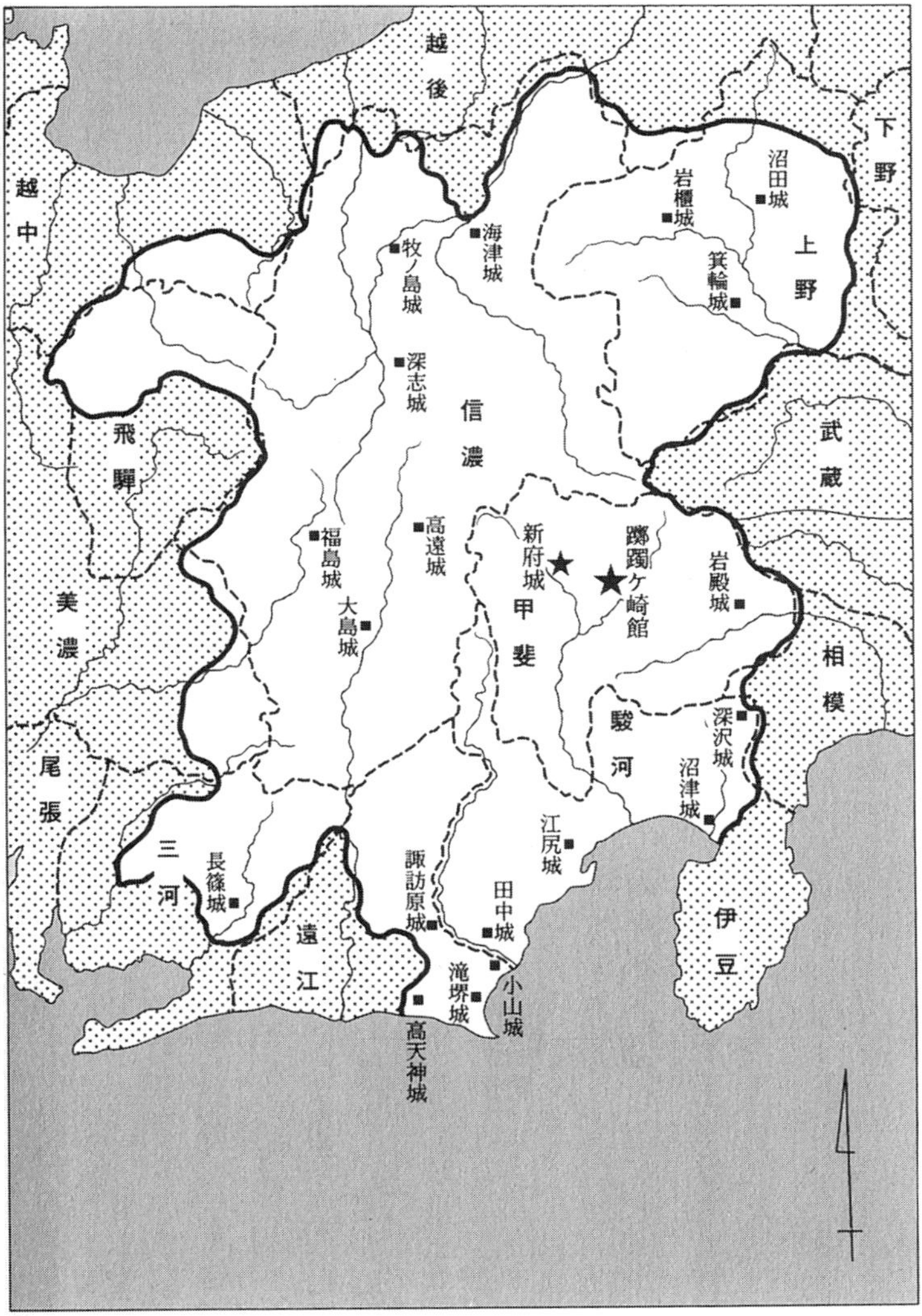
越後
越中
下野
上野
沼田城
岩櫃城
箕輪城
海津城
牧ノ島城
深志城
信濃
飛驒
武蔵
新府城
躑躅ケ崎館
甲斐
高遠城
福島城
岩殿城
美濃
大島城
相模
駿河
深沢城
沼津城
尾張
三河
長篠城
江尻城
諏訪原城
田中城
遠江
滝堺城
小山城
高天神城
伊豆

最盛期の武田氏領国

第一章　日の出——家督相続と家臣

1　武田家三代の相克

前代未聞の談なり——父を追放した信玄

武田家を代表する人物として誰もが思い浮かべるのは信玄である。その信玄と川中島で戦った上杉謙信は、永禄七年（一五六四）六月二十四日に弥彦《やひこ》御宝前（現・彌彦神社、新潟県西蒲原郡《にしかんばら》弥彦村）にあてて、信玄を討滅できるようにと願文をしたためた。その中で謙信は自分の正当性を主張し、信玄が親である信虎を国から追い出し、牢道乞食《ろうどうこつじき》に及ばせて、深い恩義を失ったのは、仏神の内証（内意）に叶うことではないと強く非難している（⑫五一四）。また同じ年の八月一日、謙信が更級《さらしな》郡八幡社（現・武水別《たけみずわけ》神社、長野県千曲《ちくま》市）に信玄撃滅を祈った願文には、「方今武田晴信なるもの、身五倫に背き、心百邪をさしはさむ。その父を追放し、以て恥を諸国に遺《のこ》す。誠に前代未聞の談なり。鳥獣すらなお父子の礼あり、況《いわ》んや人倫においてをや」（⑫五二四）とまで記している。謙信が糾弾する信玄の父親である信虎追放について、まずは事実を確認しよう。

信虎と信玄に仕えた駒井高白斎《こまいこうはくさい》が記した『高白斎記』によれば、信虎は天文《てんぶん》十年（一五四一）五月、信玄とともに信濃《しなの》国小県《ちいさがた》郡に出兵して勝利し帰還すると、六月十四日に長女の婿《むこ》である駿河《するが》の今川義元のもとに赴いた。ところが、信玄が足軽を出して信虎の帰り道を断ってしまったために、以後彼は甲斐に帰ることができなくなった。まちがいなく信玄は父親を国外に追放しているのである。

信玄による信虎追放を高白斎は六月十六日に甲府で知った（『高白斎記』）。武田家の氏神ともいえる窪八《くぼはち》幡宮《まんぐう》（現神社、山梨市）の別当上之坊普賢寺《うえのぼうふげんじ》の寺僧が記した『王代記《おうだいき》』によれば、信玄が武田家当主として館に移ったのは十七日だった。六月二十八日が「天恩日《てんおんにち》三吉日」（陰陽道《おんみようどう》では天から万民に恩沢を下すという最上の吉日）に当たったので、この日に家督相続の祝儀を行い、酌を温井《ぬくい》丹波守が行った（『高白斎記』）。家督相続の祝いは縁起を担ぎ、日が選ばれてなされたのである。

それならなぜ、謙信が信玄の行った悪行の最たるものとして父親追放を挙げているように、同時代でさえ大変な悪評を得た行為を、信玄はあえてしたのであろうか。

万民の愁いを救う

武田家の歴史を知る上で欠くことのできない、富士山の北側に住んだ僧侶の記した『勝山記《かつやまき》』（現在の山梨県南都留《みなみつる》郡富士河口湖《かわぐちこ》町にある常在寺《じようざいじ》の住僧が書きつづった記録をまとめたもの、異本として『妙法寺記《みようほうじき》』がある）は、信虎の追放劇を彼があまりに悪行をしたのでこの行動を信玄がとった、結果を知って一般の民衆・侍・出家者・男女とも喜んで満足することは限りなかった、と記している。また『王代記』には、信玄が信虎を追放したお陰で「一国平均安全に成る」とある。さらに向嶽寺《こうがくじ》（甲州市）の歴代住持が書き継いできた『塩山向嶽禅庵小年代記』に至っては、信虎は平生《へいぜい》悪逆無道であったため、国中の人民・牛馬・畜類共に愁い悩んでいたが、駿河《するが》の太守である今川義元が信虎の娘を娶《めと》ったことから信虎が六月中旬に駿府《すんぷ》に行ったので、晴信（信玄）は万民の愁いを救おうとして、足軽を河内《かわうち》（甲斐の南部で富士川沿いの地域）境に出し父の帰り道を断って、自分が即位し国を保った、国の人民はこれを知ってことごとく快楽の笑いを含んだ、とまで記している。

つまり、すべて信虎の自業自得《じごうじとく》であり、信玄は甲斐国民のためにこれを行ったというのである。とはいっても、守護であり武田家当主の信虎を国外追放することは、信玄一人の意志で決定され、実行できるはずがない。当然、武田家の家臣たちの意志が大きく作用していたと思われる。元和《げんな》年間（一六一五〜二四）ころに成立した『甲陽軍鑑《こうようぐんかん》』によれば、信玄がこの行動で頼りにしたのは、板垣信方《いたがきのぶかた》と飯富虎昌《おぶとらまさ》であった。有力な家臣たちの積極的協力なくして、信玄の父親追放はできなかったのである。それなら、なぜ家臣たちは主君であった信虎を追放したのであろうか。

利害が一致

信虎は麻のごとく乱れていた甲斐統一を果たし、さらに国外に侵略の矛先《ほこさき》を向けた。この間家臣たちは打ち続く戦争に参加させられ、大きな負担が肩にのしかかっていた。家臣とはいっても彼らは本拠地に戻ればそれぞれ独立した領主であり、近世の大名と家臣の関係に比較すればはるかに自立していた。しかも後述するように甲斐の国人たちは長らく守護武田家と戦いをくり返しており、信虎が登場する以前の独立性は極めて強かった。彼らの苦労による信虎の勝利はそれだけ武田家の地位を高め、逆に家臣たちの独立性を弱めた。信虎が優秀で戦国大名として飛躍すれば飛躍するほど、彼らは信虎の持ち駒化してゆかねばならなかったのである。彼らはこれに対処するのにまだ若くて御しやすく見えた信玄を担ぎ出し、自分たちが実権を握ろうと考えたのではないだろうか。信虎追放の主体は家臣たちにあって、信玄は名目として祭り上げられた可能性が高いのである。

『甲陽軍鑑』は信虎が信玄の弟の信繁《のぶしげ》に目をかけ家督を継がせようとしたので、信玄がそれに対応したとする。後の信繁の動きからして彼が優秀な人物であったことはまちがいなく、その可能性もむげに否定できない。信玄は自分が確実に家督を継ぐ手段として家臣たちの誘いに乗ったのだろう。

信玄を非難した謙信も実は同様な立場だった。天文五年（一五三六）、長尾家をついだ晴景《はるかげ》は、天文十二年（一五四三）に弟の謙信を栃尾城（新潟県長岡市栃尾町）に入れた。すると反晴景派の国人たちは謙信を頭としてかつぎあげた。天文十七年（一五四八）、景虎派が勝利し、晴景は隠居させられて、謙信が家督をついだのである。

一方、信虎はその後どうなったのであろうか。

信虎は娘婿である今川義元のいる駿河にとどまっていたが、義元の死後外孫の氏真《うじざね》と不和になり、永禄六年（一五六三）ころに上京し、将軍足利義輝《あしかがよしてる》の相伴衆《しようばんしゆう》（饗応の際将軍に相伴する人々）となった。信玄の死後に信濃まで帰ったが、ついに甲斐に戻ることはできず、天正二年（一五七四）三月五日、高遠《たかとお》（長野県伊那市高遠町）において没した。享年八十一歳だった（「引導院過去帳」）。その状況はほとんど伝わっていない。三月七日、孫の勝頼は信虎の葬礼のため信濃龍雲寺《りゆううんじ》（長野県佐久市）の北高全祝《ほつこうぜんしゆく》に参府を促した

(⑭一三)。同年五月、信虎の子供である逍遥軒信綱《しょうようけんしんこう》(信廉《のぶかど》)は父信虎の画像を画いたが、これが現在大泉寺《だいせんじ》(山梨県甲府市)に伝わっている。

謙信が記した「牢道乞食」というほどひどくはなかったにしろ、信虎の後半生は甲斐を統一した戦国大名としてはあまりにも哀れだった。

ちなみに信玄よりももっと激しく父と対立したのは美濃《みの》の斎藤義龍《さいとうよしたつ》であった。彼は天文二十一年(一五五二)に国主の土岐頼芸《ときよりなり》を追放して美濃を手に入れて間もない父道三《どうさん》に、天文二十三年引退を強要して家督を譲らせた。この背後にも信玄と信虎同様に家臣たちの意図が強くあった。引退した道三は義龍を追放しようと策略をめぐらしたが、先手を打たれ、流浪するか戦って死を選ぶかの選択を迫られ、結局弘治二年(一五五六)四月、長良川合戦で敗死したのである。

叔父を殺した信虎

長男によって甲斐を追われた信虎も、戦国大名として実力を得るまでには、叔父を殺すなど血で血を洗う争いを経験した。少し時間をさかのぼってみよう。

『妙法寺記』の延徳《えんとく》四年(一四九二、七月十九日に明応《めいおう》と改元)の条に、「この年六月十一日、甲州乱国に成り始めるなり」とある。この記載を裏付けるように七月二十二日には、武田家当主の武田信縄《のぶつな》と弟信恵《のぶよし》《のぶさと》が兄弟で争い、大津芸州らが戦死した(『一蓮寺《いちれんじ》過去帳』)。当時の甲斐では守護である兄と弟の間で戦争が勃発し、まさしく戦国の世になっていたのである。翌明応二年(一四九三)に甲州は「以の外《もってのほか》」(常軌をはずれて)物騒で、信縄が信恵と戦ってたびたび負けた(『妙法寺記』)。

時代をさかのぼると、応永《おうえい》二十三年（一四一六）十月に上杉禅秀《ぜんしゅう》（氏憲《うじのり》）が鎌倉府に足利持氏《あしかがもちうじ》を襲った時、甲斐守護武田信満《たけだのぶみつ》は禅秀の舅として子息信長《のぶなが》らを率いて助けたが敗れ、翌年木賊山《とくさやま》（山梨県甲州市大和町棲雲寺）で自殺し、子供の信重《のぶしげ》は高野山へ逃げた。信重は後に守護に任命されたが、甲斐には下向せず京にとどまったため、甲斐では守護代の跡部《あとべ》氏が権を専らにした。永享《えいきょう》五年（一四三三）四月二十九日、武田信長が武田一党と与党の日一揆を率いて跡部氏に味方した輪宝一揆と戦って敗れた（『鎌倉大草子』）。永享十年に信重は帰国したが、国内は安定しないまま宝徳《ほうとく》二年（一四五〇）に没し、その子信守《のぶもり》が甲斐守護となったけれども、五年後の康正《こうしょう》元年（一四五五）に亡くなった。

その跡はわずか九歳の信昌《のぶまさ》が継いだので、守護代跡部氏の勢力はさらに大きくなり、長禄《ちょうろく》元年（一四五七）十二月二十八日には武田一門の吉田氏らが跡部氏と戦って敗北し、十日後の再激突で武田一門として力を誇った岩崎一族が全滅した（『一蓮寺過去帳』）。信昌が跡部氏を越えたのは、寛正《かんしょう》六年（一四六五）七月五日に小田野城（山梨市牧丘町）の跡部景家《あとべかげいえ》を攻め滅ぼした時だった（『王代記』）。

延徳（一四八九～九二）末ころ信縄の父である信昌《のぶまさ》が万力《まんりき》の落合館（山梨市）に隠居し、信縄へ家督を譲った。この背後には信昌が信恵を愛し、油川を本拠としていた信恵に家督を譲ろうとしたため、信縄が起こしたクーデターがあったとされる（奥野高広「甲斐守護武田信縄」『甲斐史学』特集号）。兄弟喧嘩の前には親子の確執《かくしつ》があったらしい。

信虎は明応三年（一四九四）正月六日に信縄の第一子として生まれた。この年三月十六日の合戦で信縄は油川信恵に勝利し、劣勢をはねのけようやく優位に立った。こうした戦いの背後に独立性の強い国人たちの動向があったのである。

永正《えいしょう》四年（一五〇七）二月十四日に信縄が没したため、信虎は十四歳で家督を継いだ。いったん信縄にしたがっていた信恵は好機到来とばかりに、弟の岩手縄美《いわでつなみつ》（縄満）や郡内《ぐんない》（山梨県の南北都留郡や大月《おおつき》市、都留市などのある地域）の小山田《おやまだ》弥太郎（信隆《のぶたか》？・）、国中《くになか》（甲斐の甲府を中心とする地域）の有力氏族を誘って信虎に反旗を翻したが、永正五年十月四日の戦いで子供たちと共に殺され（『高白斎記』）、岩手縄美や有力国人（在地領主、有力な土豪）も敗死し、十二月には国中に進出してきた小山田勢と同調する人々も討ち取られた（『妙法寺記』）。

信虎が家督を相続するためには、まず叔父の一族を破り、国内の有力な者たちと戦わねばならなかった。名門として知られる武田家でも、戦国時代に家を嗣《つ》いでいくことは並大抵でなく、嫡子であっても実力で当主の座を勝ち取っていかねばならなかったのである。

甲斐統一への道

その後も信虎の戦国大名への道のりは平坦でなく、郡内の小山田《おやまだ》氏と戦い続けたが、永正七年（一五一〇）に和睦が成立した。永正十二年になると、西郡《にしごおり》（甲府盆地の西部）の大井《おおい》氏が信虎に反抗し、駿河の今川氏親《うじちか》がこれを助けた。信虎は十月十七日に大井氏の本拠地上野《うえの》城（南アルプス市上野）を攻めて敗れ、翌年にも国中に侵入した今川勢に苦杯を喫したが、永正十四年にいたって今川氏と講和し、大井氏も鉾を収めた。

永正十六年、信虎は居館をそれまでの川田（甲府市川田町）から躑躅《つつじ》ヶ崎《さき》に移し、現在の甲府が誕生した。『妙法寺記』は「甲州府中に、一国大人様を集まり居結ばれ、上様も極月移り《ごくげつ》」と記している。国府に由来する府中は特別な機能を有しており、守護の居所が変わったからといって移転するものではないので、府中が担った国の中心としての役割も、国人たちの何らかの合意によって躑躅ヶ崎館を中心とする地域に移ったのであろう。

しかし、信虎は国人たちとの争いを終結させたわけではなく、永正十七年五月には栗原氏が大将となり「一家国人」が、甲府を引き退いた《の》(『妙法寺記』)。大永元年《たいえい》(一五二一)には駿河から福島正成《くしままさしげ》が攻めてきたが、十月十六日の飯田河原(甲府市)の合戦と十一月二十三日の上条河原(甲斐市島上条)の合戦で甲州勢が勝利し、退けることができた(『高白斎記』)。

その後、信虎は関東に目を向け、相模《さがみ》の北条氏と争ったが、享禄元年《きょうろく》(一五二八)になると信濃に兵を進めた。『塩山向嶽禅庵小年代記』は、同年正月二十二日に国中で大乱が起きたと記している。

享禄四年(一五三一)正月、信虎重臣の飯富虎昌《おぶとらまさ》・栗原兵庫・浦信本《うらのぶもと》(今井信元)・大井信業《のぶなり》らが信虎を蔑視して、府中を去って御岳《みたけ》(甲府市御岳町)の山中に入り、信濃の諏訪頼満《すわよりみつ》が彼らを助けたが、信虎は何とか打ち破ることができた。享禄五年九月には浦信本が信虎に反抗し、信州の諏訪勢と結びついたけれども、信本が負けて「一国御無為《ごぶい》」、つまり一国が平穏になった(『妙法寺記』)。これによって信虎は戦国大名としての地位を確立したといえる。

信虎は自らの力で家督を握り、甲斐国内を統一していったのである。その過程で重くなった家臣の負担が、彼に対する反発となって甲斐を追放されるとは夢にも考えていなかったであろう。

自立に失敗した義信

信玄は嫡男の義信《よしのぶ》を殺したことでも知られている。

義信は天文七年（一五三八）に信玄の正室三条夫人を母として生まれ、天文十九年十二月七日に元服し、天文二十一年に今川義元の娘を妻とした。天文二十二年には将軍足利義藤《あしかがよしふじ》（後に改名して義輝《よしてる》）の偏諱《へんき》（貴人などの二字以上の名の中の一字）を与えられて義信と名乗り、弘治《こうじ》二年（一五五六）三管領《さんかんれい》に準じられた。また天文二十三年の初陣で信州に馬を出して勝利したのを手始めに合戦に参加し、領国統治にも関わるようになった。

義信は嫡男として生まれ、母の血筋もよく、活躍もみごとで、まちがいなく信玄の跡を継ぐと目されていたが、その後父との関係が悪くなった。『甲陽軍鑑』は永禄七年（一五六四）七月、義信が灯籠見物を名目にして長坂源五郎と曽根周防《そねすおう》を供に飯富虎昌のもとで謀反《むほん》を練ったのを、飯富三郎兵衛（後の山県昌景《やまがたまさかげ》）が信玄に伝えたのを直接の原因とする。永禄八年正月に信玄は飯富虎昌を成敗し、他の関係者も殺したり国外に追放したりした。義信は籠舎させられ、永禄十年に自害（病死ともある）したという。なお甲府市東光寺《とうこうじ》の位牌によれば、亡くなったのは十月十九日である。

『甲陽軍鑑』は不和の理由として、信玄が四男の勝頼に優秀な家臣をつけて高遠（長野県伊那市高遠町）城代にしたのを義信が恨んだことと、永禄四年の川中島合戦で義信が敵勢を支えきれなかったので信玄が不満を持ったことを挙げている。また従来の研究では今川氏に対する政策の不一致や家臣団抗争を原因とする。

義信は永禄四年に旗本五十騎、雑兵四百余の直臣を持ち、義信に荷担した飯富虎昌も三百騎の家臣を持っていた（『甲陽軍鑑』）。また永禄八年六月の「甲州二宮造立帳」からすると、武田一族や古くからの武田家臣が義信にしたがっていたようである。当時、武田家の家臣には信虎を追い出して信玄を擁立した経験を持つ者が存命で、自分たちに不都合ならばいつでも主君を替えられるとの意識があった。信玄は家督を継いでから連年戦争を続けており、家臣たちにとって軍役のきつさなど、信虎を追い出した状況と同じであった。彼らはかつての経験もあって、義信を担ぎ出そうとしたのであろう。

一方信玄は、家臣たちの神輿《みこし》に乗って父を追放した経験があるだけに、家臣の動きに敏感だった。しかも義信の妻は信虎を受け入れてくれた今川義元の娘なので、義信にかつての自分の影を見たのであろう。それに今川氏に対する政策不一致も加わった。これより先、弘治二年（一五五六）に美濃《みの》の斎藤道三が嫡子義龍に殺されたことも知っていたろう。こうした中で、信玄は先手を打って義信を幽閉したものと考える。『当代記《とうだいき》』は義信が父を討ち取って家督を乗っ取ろうと陰謀していたところ、信玄がこれを聞いて先手を打って義信を牢に入れ、ついには鴆毒《ちんどく》（鴆という鳥の羽にあるという猛毒）をもって殺したとしているが、真相に近いであろう。

永禄十年（一五六七）に武田家の武将は、信玄に対していささかも後ろ暗いことをしないなどといった内容の起請文《きしょうもん》（神仏に誓いをたてて自分の行為や言説に偽りのないことを記した文書）を書き、信濃国小県《ちいさがた》郡下之郷《しものごう》大明神（現・生島足島《いくしまたるしま》神社、長野県上田市）に納めた（⑬七九）。これは信玄が義信を廃嫡したことによって生じた武田家臣団の動揺に対処するために徴収したのであろう。

ともかく、このようにして信玄嫡男の義信は家督を継ぐことができなくなった。

ちなみにこれと似た事件として、徳川家康が天正七年（一五七九）、正妻の築山殿《つきやまどの》と嫡男信康《のぶやす》をわが手にかけて殺したことがある。築山殿は今川氏の一族で家康の長男信康をもうけた。信康は永禄十年（一五六七）に織田信長の娘徳姫と結婚したが、彼女が築山殿と信康が武田家に内通していると信長に訴えたため、家康は両人を殺害せざるをえなくなったのである。

勝頼に転がり込んだ家督

『甲陽軍鑑』で信玄と義信が不和になった一因をなしたとされる勝頼は、信玄が滅ぼした諏訪頼重《すわよりしげ》の娘を母として天文十五年（一五四六）に生まれた。『甲陽軍鑑』は彼の名前について、諏訪頼重の跡目を継ぐために武田の通字である「信」の字を用いず、諏訪の通字の「頼」が使われたとする。

勝頼は小野大明神宮（現・小野神社、長野県塩尻市）に永禄七年（一五六四）十一月に梵鐘を寄進したが、その銘には「郡主神勝頼」「大檀那諏方（訪）四郎神勝頼」（⑫五五〇）と記されていて、高遠城主として伊那郡の郡主であり、諏訪氏の血を継ぐとの意識を明確に示している。

信玄は嫡男の義信を幽閉するころ、後継者を考えねばならなくなったが、次男の次郎勝重《かつしげ》（信親、竜宝《りゅうほう》）は盲目だった上に海野《うんの》民部丞《みんぶのじょう》の養子になっており、三郎信之《のぶゆき》は早世していたため、頼りになるのは勝頼しかおらず、必然的に武田の家督を勝頼に託したのである。

勝頼は永禄八年に織田信長の養女と結婚し、政治的にも軍事的にもこのころから家中における地位が上昇した。けれども永禄十一年十一月一日に勝頼が高野山成慶院《じょうけいいん》を高遠領の住民の宿坊として定めた（⑬

二六一）ことで明らかなように、勝頼は引き続き高遠の城主としての地位を保ち続けた。

勝頼が高遠から甲府へ移ったのは、元亀《げんき》二年（一五七一）の二月から三月ころとされる（上野晴朗『定本武田勝頼』新人物往来社）。この前年に信玄が将軍足利義昭《よしあき》の近臣一色藤長《いっしきふじなが》に、義昭に万疋の御料所《ごりょうしょ》（将軍の直轄《ちょっかつ》領）、藤長に五千疋の所を進上すると約束し、勝頼の官途《かんと》（官吏の職務や地位）と偏諱を願っているのは、勝頼を当主にすえる格式を得ようとしたからであろう。勝頼は、元亀三年十月一日に越中《えっちゅう》の勝興寺《しょうこうじ》（富山県高岡《たかおか》市）に信玄と連名で遠江《とおとうみ》における戦線の状況を知らせ（静五二一）、同年十一月二十四日に信玄の命をうけて駿河国臨済寺《りんざいじ》（静岡市）に寺領を寄進し、寺規を定める（静五四九）など、対外的にも信玄の後継者を印象づける外交文書を出しはじめ、また軍事的にも信玄の代わりに戦いの先頭に立つことが多くなった。

勝頼が甲府に移ってから二年後に信玄は死亡した。『塩山向嶽禅庵小年代記』はこの年の条に、「武田信玄公御嫡男勝頼公位二十八歳に至るの年なり、人民快楽国土安穏の至り、祝々」と記している。武田の領民は勝頼の家督相続を歓迎し、その統治に期待したのである。

勝頼は永禄五年（一五六二）から元亀二年まで十年にわたって高遠城主として独自の家臣団を作り上げ、家臣団を率いて甲府に移ってからわずか二年で家督を継いだ。このため信玄によって手なずけられ編成された家臣団と、勝頼によって作られた家臣団との間に軋轢《あつれき》が生じざるを得なかった。

たまたま兄の死によって武田家の家督を継いだ勝頼は、その偶然性と遅れて得た家督相続のために、信玄に仕えてきた家臣団をいかに自分の手足にしていくかという課題を背負わなければならなかったのである。

家督相続と家臣たち

これまで見てきたように、戦国時代に武田家の家督相続者はすんなりと決まったわけではなく、いつも血なまぐさい内部争いがあった。その争いは武田家だけの問題でなく、家臣たちをも引きずり込んだ大きな争いになった。家臣たちも自らの判断でどちらの方が武力が大きいか、誰についた方が利益があるかなどを判断し、争いに参加していった。いやむしろ、当主は家臣たちの利益のために引きずり出されたという側面が強かった。これは他の戦国大名でもみられたことである。

家臣たちにとっては、勝利の可能性が高い方につくのが上策であり、さらに多くの利益を供与してくれる者に味方するのが当然だった。言葉を換えるならば、家臣たちは家督相続、それ以後の領国拡大などにおいて、常に勝ち続ける可能性のある人物をこそ、当主として擁立していきたかったのである。

戦国大名にとっては家督相続の時から、いかに戦いに勝ち続けて、家臣たちに利益を分配していくかを考え、それを実行していくことが生き延びる最低条件であった。したがって、戦争の勝利を常に考えているのが戦国大名の公的な生活だったといえる。

2　家臣団の編成

国人との対決

家督を継いだ際の家臣の動きは、その後の当主の行動を規制する。戦国大名が自分の意志にしたがって何かを成し遂げていこうとするには、足かせになる家臣たちを手なずけ、あるいは排除し、自分の意にしたがって動く家臣たちを養成していかねばならなかった。それが勝ち続ける軍団養成にもつながった。

信虎が家督を握り、国内を平定するに際して小山田氏などと戦ったことについて触れたが、甲斐の場合、武田家と対抗するような大きな力を持つ国人として、武田親族で河内《かわうち》を領した穴山《あなやま》氏と郡内を領した小山田氏がいた。武田家当主としてはいかにして彼らの力を削減し、彼らの領域中に権力を浸透させていくかが課題であった。

天文十八年（一五四九）と推定される八月十二日に信玄が竜淵斎《りゅうえんさい》に宛てた書状には、いつものように穴山信友《のぶとも》が大酒を飲んでしまったので、何事も談合を調《ととの》えることができなかった、また小山田信有《のぶあり》を信濃国佐久郡へ差し遣わしたが、かれこれ一向に思いのままにならず迷惑している、と記されている（山一三）。両人が信玄の思い通りにならなかった状況が示されているように、信玄の代であっても国人は強い独立性を持っていたのである。

有力な国人たちの勢力をいかにして削《そ》ぎ、支配に組み込んでいくかは、戦国大名となった段階から、武田家三代の当主にとって日常問題だったが、その対処策は武田家が軍事力を大きくして、相対的に彼らの地位を小さくしていくことであった。また、国人領への物資輸送路などを遮断し、経済的に従属させることも行った。その状況については第二章の棟別銭についての項で触れたい。

家臣を縛る知行宛行

戦国大名と家臣の関係は御恩《ごおん》と奉公《ほうこう》が基本で、所領を媒介にして両者は結びついていた。たとえば、天文二十三年（一五五四）正月二十日、信玄は現在の長野県松本市東部に住んだ山家《やまべ》松寿《しょうじゅ》に、彼の父に与えた大村（長野県松本市）百貫文の地を安堵《あんど》し、今後の忠信（忠義と信実）を求めた（⑫二）。所領の安堵などは武田家に対する忠信、軍事的奉公を前提になされたのである。

永禄四年（一五六一）五月十日、信玄は桃井六郎次郎へ塩田城（長野県上田市）に在城しているからと、内田（松本市）で百五十六貫七百四十文、二子《ふたご》（同）の内二十貫五百文を与え、このほかは武田家の蔵から出して渡すので、具足・甲《かぶと》をつけた四十人を堅く在城させるようにと命じた（⑫三五七）。新たな所領宛行《あてがい》は参陣を前提になされ、知行《ちぎょう》の付与が思うとおりに動く家臣団の創設につながった。

元亀四年（一五七三、七月二十八日に天正と改元）四月、信玄が亡くなった跡を継いだ勝頼は、八月十九日に大日方《おびなた》佐渡守の所領を安堵し、軍役《ぐんやく》等を厳重に勤めさせ、馬廻《うままわり》（主君に付き添い護衛する武士）として奉公させた（⑬五九八）。また同年十一月十四日には赤見《あかみ》昌泰《まさやす》に佐久郡内の地を宛がい、これから以後武具等を厳重に用意するように命じ、軍役を勤めさせた（⑬六一一）。

現存する武田家が出した文書の圧倒的多くは、こうした所領の宛行や安堵に関係する。それは伝領して

（右上）武田信玄花押
（右下）武田勝頼花押
（左上）武田信虎朱印
（左下）武田家竜印

きた家にとって文書が戦国時代以降も社会的な効力を発揮していたからであるが、武田家が出した量も多かったのであろう。戦国大名が日常的に出していた所領の安堵や付与などを行う文書のほとんどは右筆《ゆうひつ》（書記役）が書いたが、戦国大名自身その内容の確認を行い、花押《かおう》（サイン）や印判を捺《お》すなどした。彼らは家臣をいかに支配するかを日常的に考えていなければならなかったのである。

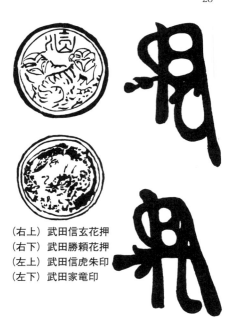

戦国大名は利益誘導によって自分の意に添う家臣たちを作ろうとした。このため常に分配できる土地を用意する必要があり、その獲得は戦争で勝利して領国を拡大させるしかなかったのである。

断絶させてはならない——家臣の相続

家臣が重要であるとすれば、彼らの家の維持に気を配らなくてはならない。うち続く戦争の中で多くの家臣が戦死し、当主が死亡することも多かったが、戦国大名はそうした家臣の家を相続させ、軍事力を維持した。

元亀二年（一五七一）三月十三日、信玄は一族の武田信実《のぶざね》に甲州松尾郷（山梨県甲州市）などの地を宛がい、彼の子息に松尾民部少輔の娘を嫁がせ松尾家の名跡を継がせた。そして民部少輔の老母と彼の妻の堪忍分《かんにんぶん》（討死した臣下の遺族に給与する禄）として塚原郷（甲府市）を渡した。なおこの際、信実には所領に応じた軍役量が定められた（⑬四三二）。

天正三年（一五七五）七月二日、勝頼は山家《やまべ》近松斎《きんしょうさい》（昌実《まさざね》）に、長篠合戦で息子の藤九郎（昌矩《まさのり》）が討死したのは忠節の至りで感激したとして、弟の左馬允《さまのじょう》に名跡を相続させた（⑭一〇九）。この合戦で望月昌頼《まさより》も討死したが実子がいなかったので、勝頼は天正三年十一月十九日に従兄弟である武田信豊《のぶとよ》の息女を結婚させ、望月の名跡を継がせた。ただし家督を継ぐ者が成人するまでは、所領や被官人などを一族の印月斎《いんげっさい》に渡し、幕下軍役などを勤めさせると伝えた（⑭一一九）。このように長篠合戦では多くの家臣が討死したので、勝頼はその対応に気を配ったのである。

戦国大名が引き起こした戦争により討死した者の家を相続させることは、家臣たちの信頼を得る条件になり、戦意の高揚と同時に軍事力維持につながるため、当主も相当の気配りをした。そして、これは有力な国人の家に戦国大名の意図を貫徹しやすい人物を送り込む手段にもなったのである。

討死した者の後継者が未成年の場合は、どのようにしたのであろうか。

天文十九年（一五五〇）十二月五日、信玄は討死した甘利半次郎《あまりはんじろう》の子供に、成人になるまでの間、堪忍分として万力《まんりき》（山梨市）の内に田地屋敷を安堵するとした（山五六八）。

天正三年十二月十六日に勝頼が小泉昌宗《こいずみまさむね》に与えた条目には、討死ならびに忠節人の遺跡は、継ぐべき人が幼少の場合、十八歳になるまで武勇の人に陣代を申しつけ、遺族への給与などは不足なく渡すようにせよ、しかし十八歳になった翌年は速やかに知行や被官などを返すと誓詞をもって定めるようにとある（⑭一二七）。

天正七年六月十七日、勝頼は父が死去した河野伊勢千代丸《いせちよまる》に、彼が十八歳になったならば本領を安堵するのでそれまでの間、恩地と駿州在城領の半分を内田加賀守に渡し、その替わりに堪忍分として名田の内徳《ないとく》（役職による取り分）と駿州在城領の半分を与えるので、歩兵一人をもって小山に在城し相当の軍役を勤めるよう命じた（山二六三）。父の死後その子供が本領を安堵されるのは当然だが、伊勢千代丸はまだ未成年だったため軍役を勤めるのは難しいとして、この措置がなされたのである。

ともかく武田家としては戦争に出てくれる武士を確保するためにも、家臣の家を断絶させてはならなかった。

人　質

戦国大名は新たに家臣になった者や、裏切る可能性がある者の行動を束縛するため人質をとった。当時人のつながりで重視された血の論理と人情によって、家臣が背けないようにしたのである。

天文十四年（一五四五）六月十日、信玄が信濃箕輪《みのわ》（長野県上伊那郡箕輪町）の藤沢頼親《ふじさわよりちか》との間で和議を行うと、翌日頼親は、信玄に背かない旨の起請を行った上で、弟を人質として出した（『高白斎記』、『妙法寺記』）。

信玄は元亀元年（一五七〇）の三月四日に、深志《ふかし》（長野県松本市）在城衆へ、そちらに根津紀伊守《ねづきいのかみ》の子、根津監物《けんもつ》の子、立河玄蕃《たちかわげんば》の弟が人質として在城しているが、これから後軍役を勤めるというので、彼らを家に帰すようにと命じた（⑬三六四）。深志城には信濃の国人たちから取った人質がおかれていたのである。勝頼は天正元年（一五七三）十一月十五日に人質として在府し苦労していた天野小四郎へ、妻子等を招いて住まわせるため駿河国清水（静岡市清水区）で百貫文を与え、彼の父には本領を安堵した（静六九九）。また天正四年二月二十五日には小宮山丹後守へ、小幡孫十郎の被官《ひかん》金沢の女子を人質に取ってあるが、成人して帰郷したいとのことなので、彼女のかわりに婿の弟を受け取るようにと命じた（群二八三八）。天正七年と推定される十一月十六日、勝頼は跡部勝忠に留守中の用心などについて命じたが、その中には「人質の改め疎略《そりやく》なく催促の事」（山一〇三）とある。躑躅ヶ崎の館には多く人質が集められていたのである。

このように戦国大名が日常生活を送るすぐ近くには、人質たちが存在していた。特に戦争の際には戦場で裏切りがないようにと、多くの人質が集められた。武田家一族は人質たちと共に生活し、いつ自分が逆の立場になるかもしれないと感じていたであろう。

スカウトされた家臣たち

織田信長《おだのぶなが》は木下藤吉郎《きのしたとうきちろう》（豊臣秀吉《とよとみひでよし》）に代表されるように、家柄に関係せずに家臣を取り立て、また他国からも多くの家臣を抱えたが、武田家の場合にはどうであったろうか。

信玄が他国から抱えたとしてももっとも有名な人物は山本勘助《やまもとかんすけ》である。『甲陽軍鑑』によると、彼は天文十二年（一五四三）三月、五十一歳の時に板垣信方《いたがきのぶかた》の推挙によって駿州から甲斐に来た。信玄は百貫の約束で抱えようとしたが、人物を見て二百貫を与えたという。勘助の存在は史料的に証明されたが、私は

『甲陽軍鑑』に見えるような勘助は存在しなかったと考えるが（笹本正治『軍師山本勘助―語られた英雄像―』新人物往来社）、彼の記載は有能な家臣を信玄が手に入れようとしていたことを伝えていよう。

実際、信玄は領国以外から多くの者を家臣に組み込んだ。信玄は駿河を手に入れると海賊衆を編成したが、間宮《まみや》武兵衛《ぶへえ》・造酒丞《みきのじょう》はもと北条氏の海賊衆であった。また元亀二年（一五七一）信玄は土屋貞綱《つちやさだつな》に命じて伊勢北畠氏の遺臣からなる伊勢湾の海賊衆を募って新しく水軍を編成した。その首領が小浜景隆《こはまかげたか》であった。向井正重《むかいまさしげ》・正勝《まさかつ》父子も伊勢北畠家臣であったが、武田家に仕えて水軍の将となった。伊丹康直《いたみやすなお》と岡《おか》部《べ》貞綱《さだつな》は今川氏の旧臣だった。

信玄の足軽大将衆の一人城伊庵《じょういあん》は上杉謙信の家臣であったが、信玄に仕えて城氏を名乗った。江馬右馬丞は飛騨の江馬輝盛の弟で永禄七年（一五六四）に人質で甲府に来たのを還俗《げんぞく》させて用いた。勘定奉行の青沼忠吉《あおぬまただよし》は駿河興国寺城主青沼飛騨守の子という。蔵前衆の諏訪春芳、八田村（末木）新左衛門、松木桂琳といった人たちは商人だったが、その才覚ゆえに信玄が取り上げたという。御伽衆《おとぎしゅう》の内、犬山鉄斎《いぬやまてつさい》は尾張犬山城主織田信清で、信長に逐われて甲州に来て剃髪したと伝えられる。

信濃の真田幸隆《さなだゆきたか》は天文年中に牢人したが、信玄に従って戦功を挙げた。その子供たちも信玄・勝頼に仕え、長男信綱《のぶつな》と次男の昌輝《まさてる》は天正三年（一五七五）の長篠合戦で戦死した。三男昌幸《まさゆき》は武田家の親類武藤家を継いだが、兄が亡くなってから真田を称した。四男の信尹《のぶただ》（信昌《のぶまさ》）は甲斐の加津野《かづの》氏を継いだ。まさしく一族は信玄によって見いだされ、その後の地位を獲得していったのである。

この他に百五十人の牢人衆がいたが、その頭の五味与宗左衛門は、弟と共に甲州に来て武田に投じたという。また名和無理介《なわむりのすけ》は上野那波《なわ》郡の出で、那波を氏としたが永禄二年（一五五九）に謙信に攻められて甲州に来たとされる。飯尾弥四右衛門は遠州牢人だった。

多くの家臣を抱えるためには、それだけの財力がなければならなかった。信虎の時期では国人たちをいかに家臣に組み込むかに汲々としており、他国から新たな家臣を抱えたり、身分を越えて登用することはできなかった。信玄の段階になって急激に領国が拡大する中で、多くの人材を求め、また他国侵略の持ち駒として利用するために、多くの家臣が抱えられた。この時期になると資金も用意でき、信玄の権力がのびたことで身分を越えての人材登用も可能になったのである。

一方、『甲陽軍鑑』はしきりに長坂長閑斎《ながさかちようかんさい》と跡部勝資《あとべかつすけ》を勝頼の奸臣として糾弾するが、両人とも既に信玄に仕え重要な役割を果たしていたことを前提にして、地位が上昇したのであって、奸臣とは言い難い。勝頼が一気に両人を重用できたわけではなかったのである。

勝頼は諏訪氏を継ぎ高遠で独自に家臣団を抱えていたので、家督相続にあたってその一部を武田家に持ち込んだ。後述するようにこの時代には国意識が強く、旧来の家臣たちは信濃諏訪の勝頼に対して違和感を拭えなかった上に、武田家旧来の家臣たち（いわば甲斐衆）と勝頼家臣団（いわば信濃諏訪衆）の融和ができる前に、長篠合戦で敗れてしまった。以後、勝頼は限られた領国の中で家臣を維持するにとどまり、自ら人材を見いだして、新たな家臣を多く登用するまでには至らなかったのである。心から気の許せる、さまざまなことを任せうる家臣を持たなかったことは、勝頼の不幸の一つといえよう。

3　君臣の「絆」

手ずからの品

これまで述べてきた方法以外に戦国大名が手ずから品物を与え、その物を通して心の絆《きずな》で家臣と結びつくこともなされた。

信玄は天文二十四年（一五五五、十月二十三日に弘治と改元）三月二十一日に大日方主税助《おびなたちからのすけ》へ、大日方入道の武略によって武田勢が千見《せんみ》（長野県大町市）の地を乗っ取った時、主税助も他にぬきんでて働いたとし、太刀一腰を遣わした（⑫六九）。

勝頼は天正九年（一五八一）二月十一日、矢沢綱頼《やざわつなより》が沼田《ぬまた》城（群馬県沼田市）を攻めた時たびたび戦功をあげたとして、太刀一腰を与え、これからも忠節を励むように命じた（⑮五）。戦争で手柄を立てた者に武士のシンボルである太刀を与え、結びつきを強めたのである。家臣の側からすると主君が手ずから与えた名誉の品ということで、心の絆を感じた。

信玄は永禄十三年（一五七〇、四月二十三日に元亀と改元）三月五日に浦野友清《うらのともきよ》へ、去年相模の三増《みませ》峠で親父が戦功にぬきんでて討死したことは無類の忠節であると、香典として緞子《どんす》五端を贈った（神七九三一）。受け取った側は信玄の配慮に、主君との結びつきを感じたのではなかろうか。

元亀四年（一五七三）六月二十日、勝頼は父の死を伏せる意味もあって、信玄の朱印を用いて北条の家臣大藤与七と思われる人物へ、加勢に来た親父の式部丞《しきぶのじょう》（大藤政信）が遠州二俣《ふたまた》（静岡県浜松市天竜区）で鉄砲に撃たれて死去した、北条氏政《うじまさ》の命令によって参陣したとはいっても、信玄に対する忠節の至りで末代まで芳情を忘れない、香典として金襴《きんらん》三巻を贈る、といった内容の書状を送った（山七七）。

気配り

当然のことではあるが、人と人との結びつきは単純に物や外側からの暴力などによって作られるだけではない。

天文十七年（一五四八）九月十一日、信玄は土橋右衛門に「今十一巳刻《みのこく》、信州佐久郡において一戦の砌《みぎり》、頸壱討ち捕らえるの条神妙の至りに候、いよいよ忠信をぬきんずべきこと肝要に候、よってくだんのごとし」（山八一）と感状《かんじょう》（合戦に参加した将士の戦功を賞する文書）を与えた。感状の背景に所領など恩賞が存在し、知行によって戦国大名と家臣がつながったが、一方で感状はそれ自身でも戦国大名と家臣との絆を強める役割を持った。

信玄は弘治二年（一五五六）と推定される八月二十五日、西条氏に書状を送った（⑫一二一〇）。その内容は、東条（長野市）普請のため自身で着城とは辛労の至りである、ことさら去年戻ってきたばかりで心安らかに暮らすこともせずに出張していただきまことに感謝している、さらに精を出して働いていただけたら大変うれしい、というものであった。ここには、信玄の気配りが読みとれる。

こうした細かい気配りが戦国大名と家臣とを結びつけていたが、同時にこれが他の戦国大名の家臣にまで悔やみ状を送る心遣いの細やかな信玄、といったイメージを植え付ける宣伝材料にもなったのである。

苦労を察するが……

天正六年（一五七八）とされる五月十三日、勝頼が原昌胤《はらまさたね》に送った書状の中には、そちらで城普請のために長々在陣してもらい、苦労を察している、幸い近日出馬するので大儀ながら、いよいよ普請に精を出してほしいとある（⑭三二〇、山五九六）。また同じ昌胤に年未詳の三月六日に書状を送り、その地に普請のため在陣して昼夜とも辛労をかけていると察するが、分国を堅固にする備えはそちらの普請にかかっているので、苦労だとは思うが夜をもって日に継ぎ、いよいよ念入りに精を出して普請をするように、と頼んだ（山二二九）。

このように家臣を気遣うのは、日常的に相当な配慮をし、相手の心の琴線に触れていないと、期待する働きを見せてはくれなかったからである。換言すると、家臣の立場に立って細かい気配りができないようでは、戦国大名になれなかった。

戦国大名は所領を通し、人と人の絆を通し、物を通し、さらには情に訴えて、家臣を自分に縛り付け、思う通りに働かせるように努めた。そのためには日常的に家臣に対する冷徹な観察力と、一方で細かい気配りが必要であった。戦国大名は自分の意のままに家臣を支配したのではなく、思い通りに家臣を支配しようとして、日々実に細かい配慮をせねばならなかったのである。

一字を与える

戦国大名と家臣とを精神的に結びつけるものとして、名前もあった。

信玄は天文十四年（一五四五）十二月十三日に諏訪上社《すわかみしゃ》の神長《じんちょう》、守矢頼真《よりまさ》の嫡男神平《しんぺい》が元服するに当たり、偏諱を与え「信実《のぶざね》」と名乗らせた（⑪三一五）。「晴信」という実名の「晴」は将軍足利義晴の一字を得たものだったので、家臣に与えることが出来ず、「信」の一字使用を許したのである。なお守矢家にはこの時信玄が祝儀として贈ったという十角漆塗分《ぬりわけ》重箱が伝わっている。

『高白斎記』によれば、信玄は天文十六年十一月十一日に孫五郎（未詳）へ偏諱を許すと同時に、太刀、金、折紙三十枚を与えた。また、天文二十二年六月二十一日には、清野左近太夫と長野《ながの》刑部《ぎょうぶ》の両人に「信」の一字を与え、さらに十月十五日には大日方惣次郎にも一字を与えている。

このように当主の名前の一字を与えられることは、家臣にとって名誉であり、それを通して主君と精神的に結びついたのである。偏諱を与える側としては名前によって両者が結びつく、すなわち文字のもつマジカルな力に期待する意図もあったろう。

官途と受領名

信玄は大膳《だいぜん》大夫《たゆう》の官途《かんと》、後には信濃守《しなののかみ》という受領《ずりょう》（国主を称する）を名乗った。これは律令国家の制度に淵源を持つが、官途受領名を称することで朝廷を中心とする日本国の組織に名目的に位置づけられたわけで、それ自体が社会の中で権威を有し、一定の効力を発揮した。官途受領名が日本の枠組みの中で地位や権力を示す指標だったために、武田領国の中でも信玄を中心にして、官途受領名の付与が秩序形成に利用された。それが戦国大名と家臣とを結びつける手段ともなっていたのである。

信玄は永禄三年（一五六〇）正月に大野某へ宮内丞《くないのじょう》の官途を与え（山一一一五）、また永禄四年二月六日には小井弖《こいで》某を左衛門尉《さえもんのじょう》にした（⑫三三〇）。

長篠合戦後に急増

武田家で官途受領名の付与が急激に増えるのは、天正三年（一五七五）五月二十一日に行われた長篠の合戦後である。勝頼は同年九月、嶽井某を式部丞（群二八二一）、岩田某を加賀《かが》守（群二八二二）、原某を左《さ》京亮《きょうのすけ》（群二八二三）、新井某を筑後《ちくご》守（群二八二四）、新井某を惣右衛門尉（群二八二五）とし、十月に標《しめ》葉《は》某を但馬《たじま》守に任じた（⑭一一七）。翌年になると勝頼は、二月に塩入某を喜左衛門尉、金沢某を勘左衛門尉とし（⑭一四五）、同月小倉《こごい》某に新兵衛と名乗ることを許した（山七〇）。また四月には某を石見《いわみ》守に任じ（⑭一四六）、五月には外郎《ういろう》某を七郎兵衛尉とした（群二八四三）。十月には矢島重勝を主殿助《とのものすけ》とし（⑭一四六）、内田某を加賀守（山五九四）に、小池某を監物《けんもつ》（山一三一八）に任じた。

敗戦によって領国が減少しながらも、家臣との結びつきを強化しなくてはならない勝頼にとって、官途受領名の付与は所領を与えるに次ぐ良策と意識されたのであろう。

第二章　戦　う——時代を生き抜く

1　金がなくては始まらない

棟別銭——信虎による増収策

永正十八年（一五二一、八月二十三日に大永と改元）二月二十八日、福島正成《くしままさしげ》を中心とする駿河勢が甲州に攻め込み（『王代記』）、九月十六日に西郡の富田城（山梨県南アルプス市）を落としたため、信虎の夫人は要害城に避難した（『高白斎記』）。信虎および甲斐にとって最大の危機といえる事件であった。しかしながら、信虎は十月十六日に飯田河原（甲府市）、十一月二十三日に上条河原（甲斐市島上条）で勝利し、何とか危険な状態を乗り越えることができた（『王代記』）。『塩山向嶽禅庵小年代記』には、その翌年「正月三日より国中棟別寺社共」と記されている。現代でも寺や神社は宗教法人として税制面で優遇されているが、中世では寺社に権力を浸透させることは難しく、ほとんど権力が及ばなかった。ところが信虎は国中に棟別銭《むねべちせん》をかけるに際して、寺や神社にも賦課したのである。

当時の領主にとって基本的な収入は土地にかかる年貢であったが、これは領国のすべての範囲から取れるものではなかった。それに対して棟別銭は領国中の家ごとに徴収するので、領国拡大が直接収入に結びついた。しかも年貢が生産物を前提としていたのに対し、銭として集められたので運用が簡単であった。信虎は戦後処理の資金を得ようとして、駿河勢を退けた勢力を背景に甲斐国全体に棟別銭をかけたのであろう。

『妙法寺記』によれば、享禄《きょうろく》二年（一五二九）国中《くになか》から郡内への道が閉ざされた。六月二十日に小山田信有の奥方が遠江に行き、姉と対面していろいろと奔走し、十月十一日に帰国した。彼女の迎えのために信有の近習百人が金作りの刀を一様に帯び、茜紬《あかねつむぎ》の衣類を同じように着て富士川の端まで出た。彼女は小林和泉守貞親、小林尾張守、倉見《くらみ》（山梨県南都留郡西桂《にしかつら》町）の新九郎のところに宿泊して、中津森《なかつもり》（都留市）に帰った。十一月十五日に路次が開くと、その日に郡内に棟別銭が課せられた。

この一連の経過からして、六月以前に信虎は小山田信有に郡内領に対して棟別銭の賦課を申し入れ、圧力をかけるために国中と郡内とを結ぶ道を遮断したようである。外交的に圧力をはねのけようと、妻を遠江に派遣したが成功しなかった。妻の帰国に際しては小山田の力を信虎に見せるために百人の近習にデモンストレーションをさせ、関係の深い有力者のところに宿泊させ相談したが、結局どうにもならないと判断して、棟別銭の賦課を受け入れて国中との交通が再開されたのであろう。

信虎が交通路を掌握していたのは、命禄《みろく》元年（私年号で天文九年〔一五四〇〕に比定される）七月十日、西湖《にしのうみ》（南都留郡富士河口湖町）に住んだ土豪の集団である西之海衆《にしのうみしゅう》に対して古関《ふるせき》（山梨県甲府市古関町）の役所を通ることを許したことでも知られる（山一六三五）。役所は武田家が直営し、地域の支配拠点ともなっていた関所を意味し、武田家は交通の要衝に関所を設けて関銭《せきせん》徴収をしていた。西之海衆には天文二十三年（一五五四）五月晦日《みそか》にも、本栖《もとす》（富士河口湖町）の番や材木等の奉公をしているからと、富士の往復が保証され、また諸役についても十年以前と同じように免除された（山一六三六）。

郡内への武田家による棟別銭の賦課は、小山田家にそれだけ収奪ができなくなることを意味する。しかしながら信虎が交通路を掌握していたので、彼によって甲府とのつながりを断たれると郡内住民の生活も逼迫《ひっぱく》し、武力ではとうてい太刀打ちできないため、外交に訴えようとしたが成功せず、自領への棟別銭賦課を受け入れたのである。ちなみに、郡内に棟別銭が賦課された前年の享禄元年（一五二八）八月三十日、信虎は諏訪頼満《すわよりみつ》と信州諏訪郡神戸《ごうど》（長野県諏訪郡富士見《ふじみ》町）と堺川《さかいがわ》（現・立場川、同町）で戦って敗れており（⑩五四〇）、態勢立て直しのため資金が必要だったので、これを郡内の棟別銭に求めたのであろう。

なお西之海衆にあてた文書から、信虎にとって関所通行者から取る関銭も大きな収入になっていたことがわかる。このころの関所には収入を得るために設けられたものが多かったのである。

いずれにしろ、信虎はこのようにして国人領に対しても棟別銭を賦課し、それを軍資金としていった。

御料所・年貢・検地

信玄によって天文十六年（一五四七）六月に制定された「甲州法度之次第《こうしゅうはっとのしだい》」（以下甲州法度とも記す）の第一条では、国中の地頭人が罪科人《ざいかにん》の跡と称して田畠を私に没収することを禁じ、年貢諸役等は地頭へ速やかに弁償するようにと述べ、第六条には「百姓年貢を抑留《よくりゅう》すること、罪科軽からず」とある（⑪三三五）。このような記載は、いかに信玄が年貢徴収に心を配っていたかを示す。

米や麦といった穀物を生み出す水田や畑が税賦課の対象になったのは、土地が動かず、面積を客観化できたからだった。戦国大名としても土地の生産物にかける年貢を収入の基本とした。信玄を安定的な収入を得るため検地などで年貢徴収の確認をする必要があったが、信虎段階より権力が大きくなったためにそれができたのである。

戦国大名の武田家といっても、甲斐国内のすべての土地を押さえたわけではなく、武士の本領に手を出すことは出来なかった。また、武田の勢力範囲が広がったからといって、それをすべて自分のものにすることは不可能で、戦ってくれた武士たちに御恩として分配しなければならなかった。

武田家の領地（戦国大名の領地）は御料所《ごりようしょ》、あるいは御蔵出《おくらだし》などと呼ばれた。御料所は武田家が所持し続けてきた土地に加え、戦った者の領地を接収したり、領域統治上重要な場所にさまざまな手段で設置して増え続けた。敵対した領主が住んでいたのは地域経済の中心地だったので、そこに武田家も地域支配の拠点となる城を置いた。こうした条件もあって、新たに領国に組み込まれた地域の御料所は武田家が築いた城の近くにまず設定され、いざという時に御料所からの収入で独自に対応ができるようになっていた。また交通の要衝には、軍事的に交通路を押さえたり通行者から関銭を取ったりする関所経営のため御料所が設定されていた。御料所こそ戦国大名の基本的収入源だったのである。

年貢は武士にとってもっとも大事な収入で、大名は土地を媒介にして彼らとつながっていた。武士は安堵されたり、与えられたりした土地の生産量に従って軍役を負っていたので、彼らの領地の生産量をいかにして掌握していくかが、戦国大名にとって重要な課題であった。甲州法度の天文二十三年（一五五四）

に追加された部分には、百姓に隠田《おんでん》（領主に隠して租税を納めない田地）があるならば数十年を経ていても、地頭の「見聞」に任せて改めるように、しかしながら百姓に申し分があるならば両者で対決し、それでもはっきりしないときには実検使を派遣して年貢を定めよとある（⑪三四〇）。このように戦国大名は機会をとらえて検地をさせ、地頭と百姓との間で争いが起きれば、それを契機に検地を行ったのである。

棟別帳――台帳による徴税システム

『高白斎記』によれば天文十一年（一五四二）八月十二日に棟別帳が始まったというが、信玄は棟別銭の徴収も基本台帳を作って、しっかりと行うようにした。信玄が武田家を相続して間もなく棟別帳の整備を開始したのは、棟別銭のもつ意義が大きく、徴収システムの整備が急がれたからだった。

甲州法度の三十二条から三十七条までは棟別銭に関する条項である。六条にも及ぶ記載は、信玄がいかに棟別銭を重要視していたかを示している。第三十二条では、棟別銭として納めるべき金額については、既に日記をもって郷中へ示してあるので、逐電《ちくてん》（行方をくらまして逃げること）したり、死去した家があった場合でも、郷中において速やかに弁済するようにとある。このように天文十六年（一五四七）までに棟別銭を徴収する基本台帳は日記というかたちでできあがっており、棟別銭の金額も決定されていた。

弘治二年（一五五六）正月十八日付の「棟別銭無沙汰についての新法の事」には、春の棟別は八月晦日《みそか》を限り、秋の棟別は翌年二月晦日を限りに出すようにとある（山一三九八）。なお永禄五年（一五六二）極月十六日付の朱印状によれば、棟別銭は家一間につき三十銭ずつで、禁止された悪銭を除いて納めることになっていた（山一三九九）。

弘治元年（一五五五）十一月、武田家は鮎沢郷《あゆざわごう》（南アルプス市）の棟別銭の金額を確認し、これから二十日以内の納入を命じ、もしこれを過ぎたら利倍《りばい》（利子が利子を生んで元金を多くする）の勘定を納めさせた（山一三八六）。また永禄十一年五月十日、仏師原郷《ぶしばらごう》（甲州市）の棟別帳を作成し、一貫四百文を二十日のうちに納めさせ、もし二十日を過ぎたら利倍の勘定で納めるようにと命じた（山二八〇）。

過料銭と徳役

年貢と棟別銭が武田家にとって最も重要な収入源であったと考えられるが、当主はそれ以外の収入をいかに得るかにいつも腐心していた。その一つに比較的軽い罪科に対して銭貨を徴収する過料銭《かりようせん》があった。『甲陽軍鑑』によれば、町人百姓の喧嘩を過銭をもって許し、また道理に従わない訴訟も過銭を取って許したという。これが過料銭である。

天文十八年（一五四九）十一月、郡内に信玄と小山田信有が相談して一般の人にことごとく過料銭を賦課し、寺々（僧侶）・禰宜《ねぎ》いかような者にもおしなべてかけた。このために地下衆《じげしゆう》のなげきは限りなかった。天文二十年にも地下衆へ過料銭をかけたので、地下衆の難儀はいいようもなく、負担に耐えかねて皆々住んでいる場所を離れた。天文二十二年には、出家、禰宜衆、地下衆で主を持たない者に過料銭をかけたために、皆が嘆くことは言説に及ばなかった（『妙法寺記』）。この時の過料銭は郡内に課せられたもので、純然たる罪科を犯した者に課せられたというより、地域を定めて臨時に課せられた軍事補塡《ほてん》のための税金の意味合いが大きいようである。

徳役《とくやく》あるいは徳役銭といって領国内の財力ある者が負担した銭納の課役もあった。天文十八年（一五四九）五月七日、武田家中では徳役を始める相談が落着し、今井信甫《のぶとし》、小山田信有、伊勢守（今井清冬か）の三人が書類に連判した（『高白斎記』）。信玄は弘治三年（一五五七）十二月二日に甲州一宮（浅間《あさま》神社）神主へ条目を与えたが、その中で徳役銭を免除している（山七八八）。

このように武田家にとって徳役は、過料銭と同じように臨時税的な色彩が強かった。

信玄は関所での通行税も重視した。永禄二年（一五五九）三月二十日に「分国商売の諸役免許の分」として、これまでさまざまな人に与えた諸役免許の書類をまとめた（山五八二）。その最初に掲げられているのは、天文十八年（一五四九）五月九日に左進士新兵衛尉に分国諸関所役一月に三疋口を免除した文書であった。これは特別な者を除いては関所において通行税がかけられ、馬一疋につきいくらと徴収されていたことを示す。

僧侶の妻帯にまで課税

『甲陽軍鑑』によると、信玄は出家した者が妻帯する場合、役銭《やくせん》を取って許可した。妻帯役は穴山小路の真立寺《しんりゅうじ》（のち信立寺）という日蓮宗の寺僧が妻帯していると訴えがあったため、密懐《みっかい》でなければ日蓮宗の僧侶が妻帯することは罪でないとして取るようになった。また同書によれば、信玄は他界する前に天下へ赴く支度（西上する資金の用意）のために、後家役《ごけやく》（寡婦《かふ》にかけた税金）や出家の妻帯役まで課したという。信玄は僧侶の妻帯にまで、収入源を求めていたのである。

信玄の代になると他国への侵略が多くなり、戦争で勝利すればそれだけ利益が多くなったが、軍事行動に要する費用も莫大になった。大きな軍事行動をするには、しっかりした税制度を整備せねばならなくなり、制度を整えると共に、税を徴収できる可能性があるところにはどんな形でも賦課していったのである。

重農主義から重商主義へ——勝頼の税制

信玄の代に税制度がほぼ整ったため、勝頼は基本的にそれを精緻《せいち》にしていくことをまず行った。特に長篠合戦での敗戦後は領国が増えなかっただけに、領域内での精緻な賦課によって増収をはかるしか手段がなかった。

勝頼の代になると年貢を増収するための検地役人の派遣は、信玄の代より頻度が大きくなった。棟別帳の調査も綿密になり、天正八年（一五八〇）十一月二十八日、武田家は井口郷（山梨県中央市）の棟別帳を作成し、棟別銭を免除する家を書き上げた上で本屋十四間分の三貫四百文、新屋二十間分の一貫九百八十文、空き屋敷二間分の三百二十五文、合計五貫七百文を出すように命じたが、このうち一貫三百五文は調査の結果として出てきたものだった（山一〇六）。

中世、土地一段ごとに賦課された税金として段銭《たんせん》があった。多くの場合、棟別銭と同様に領国全体に賦課され、戦国大名にとって重要な資金源であったが、武田家では甲斐国内でこれを系統的に取ることをほとんどしていない。しかし、天正元年（一五七三）九月二十一日、武田家が朝比奈真重を駿河国の段銭奉行に任命し、その徴収を命じた（静六七五）ことで明らかなように、まったくこれを無視していたわけではなかった。

勝頼は天正四年（一五七六）三月六日に大泉寺《だいせんじ》（甲府市）に対して、徳役を永代免許した（山一九二）。勝頼が天正七年十一月十六日に跡部勝忠《あとべかつただ》にあてた留守中用心の覚の中にも、徳役については私曲や贔屓《ひいき》がないよう、正路に申しつけるようにと記されている（山一〇三）。天正二年（一五七四）八月二十四日に武田家が開桃寺《かいとうじ》（海島寺、山梨市）へ寺産ならびに郷中にかける罰銭役免除の確認をした（山四九四）。徳役も罰銭も、公正に行われることが求められ、税としての公式化が進んだようである。

勝頼の時代で注目されるのは商人との関係の強化である。天正二年八月、春芳宗富《しゅんぽうそうふ》は諏訪下社《すわしもしゃ》の千手堂（長野県諏訪郡下諏訪町）上棟を行った。その棟札には「大守武田大膳大夫勝頼公」の武運長久と国家安穏が祈られており（⑭六五）、春芳と勝頼の関係が深かったことを伝えている。

春芳は諏訪の代官を勤めた商人で、天正三年十一月にも勝頼の命によって宮木諏訪社（長野県上伊那郡辰野町《たつの》）を再興し（⑭一二三）、天正五年三月三日には、勝頼から命じられた下社宝塔を完成させた（⑭一九二）。さらに天正六年二月の諏訪上社造宮帳の中でも、宝殿造営の費用を筑摩《つかま》・安曇《あずみ》両郡から集める役割を宗富が負った（⑭二八一）。

宗富は武田家の財政を司る役割を負う御蔵前衆《おくらまえしゅう》であるが、御蔵前衆の中には京都と関係を持つ者や、広い範囲にわたって活動をする商人があった。特に勝頼の代になると、彼らの活動が目に付く。商売の役や職人の役などを重要視し、それ以前の政策がいわば重農主義であったのに対し、重商主義に変わっていったのである。

ところで、『信長公記《しんちょうこうき》』によれば天正十年（一五八二）二月に織田軍が信濃に進むと、先々から百姓たちが自分の家に火をつけて織田軍のもとにやってきた。これは近年勝頼が新儀の課役を申しつけ、新関を据え、重罪の者からは賄賂《わいろ》を取って容赦し、軽い罪の者を懲らしめのためだと称して磔《はりつけ》にしたり、討ったりしたので、民百姓は悩みがつきることがなく、勝頼を嫌って信長分国にしてほしいと願っての行動だという。実際、領国を拡大させることができない勝頼が、信長に備えるためには信玄段階よりきびしく税を取り立て、新たな税を課すしかなかったのである。

軍資金の源

戦国大名が生きたのが戦争の時代で、日常生活が戦争と深くつながっていたことは疑いない。戦乱の世を切り抜けることができなければ、その段階で戦国大名としての名目は断たれる。戦国大名は戦乱を生き抜くため家臣団を増強し、自分の意に従うように編成していった。家臣たちもこの主君なら利益を与えてくれると判断して、命を預けて従軍したのである。戦国大名がもっとも戦国大名らしくあるためには、戦争に勝利する軍事指揮能力がなければならなかった。

戦国大名は軍資金や日常的な生活資金を生み出すため、社会の流れを的確に読みとり、国人領主との力関係で棟別銭を賦課するか否かを決めるなど、状況判断能力が求められた。戦国大名は社会情勢を認識する能力を持ち、経済観念がなくてはつとまらなかったのである。

それにしてもこれだけ経済面に目を向け、なりふり構わず収入を増やし、それを軍事面にまで振り分けていかなければならない戦国大名の毎日は、けっしてバラ色ではなかったろう。

ちなみに武田家というと多くの人は金山《きんざん》経営を想起するが、これを証明する史料は残存していない。武田家が金山衆《かなやましゅう》に与えた文書を見る限り、彼らは家臣でなく、独立した金山経営者であった。金山を武田家が領有していた形跡は全くなく、金山の坑道はそれぞれの金山衆が所有し、彼らが金掘を雇用して金を掘っていたのである。

武田家が金山経営をしていたという理解は、近世的な視点を戦国時代までさかのぼらせた幻影にすぎず、金山が武田家の直接的な収入源になっていたとは言い難い。武田家にとって金山からの収入は、金山衆から職人役として金を上納させる程度で、むしろ彼らが関所を通行するに際して取った関銭の方が重要だったろう。

貫高制と石高制

武田家の税制は、他の戦国大名と比較するとどのような特徴があるのだろうか。

北条氏康《ほうじょううじやす》は天文十九年（一五五〇）四月一日に、旧来の段銭などを整理統合して税率六％の新しい段銭に統一する税制改革を行った。また同年の閏五月十二日をさかのぼる間もない時期に懸銭《かけせん》が新たな税目として設定された。田畠の貫高を基準に賦課され、その税率は四％とされるが、これは万雑公事《まんぞうくじ》といわれた雑多な税を廃したものであった。また棟別銭についても天文十九年四月の税制改革の際、それまでの一間当たり五十文から三十五文に減額された（佐脇栄智『後北条氏の基礎研究』吉川弘文館）。

武田家の場合こうした劇的な税制改革は、目下のところ知られていない。武田家では税制を整理して画一的に徴収していこうとするより、財政的に危機になるとその都度課税対象を見つけて収入を増やしていこうとした。それもすべて銭で徴収しようとした。

戦国時代には貫高制《かんだかせい》（土地を年貢の貫文高で表示し、百姓の年貢・諸役負担、家臣の知行高や軍役奉公などの基準としたもの）なのに、太閤検地《たいこうけんち》以後石高制《こくだかせい》（土地の生産力を米の収穫高で示す石高を、社会の基準としたもの）になる。一般的イメージでは物質経済から貨幣経済へという発展的な図式が描かれ、貫高から石高への変化は退行するようにも見られかねない。太閤検地は天正十年（一五八二）秀吉が明智光秀を破った直後に行った山城検地に始まるが、天正八年に彼が織田信長の奉行として行った播磨検地が事実上の太閤検地とみなされる。検地帳には耕地一筆ごとに耕作者名が記載されたので、名請人の耕作権が保証され、長《おとな》百姓が小百姓から作合《さくあい》（領主以外の者が直接生産する農民から得た中間搾取）を取ることが禁止された。

こうしてみると石高制に移行するには、作合を否定できるだけの強い力、領国内くまなく役人を派遣できるだけの圧倒的な権力、多くの検地帳を作り得る事務能力を持った役人の存在などが必要で、主君の権力が家臣に対して圧倒的に強いといった条件が必要になる。さらに、検地の結果年貢は生産物で納められるが、しっかり徴収して、それを売却することができれば、俗に「生かさぬよう殺さぬよう」といわれるほどの収奪が可能になる。つまり、石高制は権力が極めて大きくなり、全国的な流通網を掌握してこそできる制度なのである。

武田家税制の特質

武田家の場合には、永禄七年（一五六四）十二月に作られた恵林寺領の検地帳によれば、百姓は名請高の四割または踏み出し分の二割免除、御家人衆には全部を恩給分として与えるのが原則だった。また軍役衆の場合、彼らが保持してきた名田《みようでん》（具体的には名主加地子得分《みようしゆかじしとくぶん》）は検地によって増分があったとしても、全額没収免除ということになっていた。さらに、軍役衆の本領には検地役人が入れない原則が存在した（勝俣鎮夫『戦国法成立史論』東京大学出版会）。つまり武田家の権力では、家臣たちの力が強く領国全体にわたる検地はとてもできる状況ではなかったのである。

太閤検地は穀倉地帯から出発しているが、甲斐や信濃はどう見ても穀倉地帯とはいえない。また畿内の場合には米を徴収しても市場を有しており、それを金に換え、他の物資を即座に入手できるが、武田領国には大きな市場がなく、換金が難しく、簡単に物資を得ることもできなかった。大きな量になる米の輸送には物資輸送システムが必要になるが、山国に基盤を置いた武田領国では船の利用もおぼつかなく、それも難しかった。

甲斐や信濃の住民は必ずしも農業から生計を得ていたわけではない。むしろ多くの山の民がおり、物資輸送者や宗教者など雑多な職業の者が住んでいるのが特徴になっていた。彼らにとって農耕地を主体とする検地はほとんど意味を持たない。武田家の収入が棟別銭など家に課せられたり、関銭・過料銭といった個人の動きに課せられた銭に重きが置かれたのは、領国住民の特性ゆえであったといえよう。北条氏のように田畠を基盤にした税制改革ができなかった理由の一端には、山国という地域条件もあった。

武田家は根拠とした地域の特性に応じながら、できるだけ収入を増やそうとしていたのである。

2　「武田軍団」の実像

軍　役

軍事資金は基本的に軍備と結びついていた。戦国大名にとってどれだけの武士が動員でき、どれだけの武器が用意できているか知らなくては、戦争での勝利はおぼつかない。そこで、次に戦国大名がいかに軍備に気を配っていたか述べたい。

家臣が主君に対して負った軍事上の負担を軍役《ぐんやく》という。動員の基準ができていれば軍事行動をしやすいが、戦国大名も初期の段階では軍役基準が整備されていなかったため、勝ちそうな戦争には多くの兵士が出てきて、負けそうになれば誰も来ないというのが実状だった。武田家の場合、軍役の基準が示されるようになるのは信玄の代からだった。

信玄は永禄四年（一五六一）四月十日に信濃の桃井六郎次郎に百七十七貫二百四十文を宛がい、具足・甲をつけた兵四十人を出すようにと命じた（⑫三五六）。これが武田家の軍役規定の初見である。

永禄五年（一五六二）十月十日、信玄は信濃の大井左馬允《おおいさまのじょう》に軍役を定めた。それによれば鑓《やり》を持つ者三十人、弓を持つ者五人、持ち鑓（大将であることを示す短い鑓）を持つ者二人、鉄砲を撃つ者一人、甲《かぶと》持ち一人、小旗持ち一人、差物《さしもの》（戦場で目標とした小旗）持ち一人、手明き（何も武器などを持たない者）四人の合計四十五人を召し連れて戦場に臨むようにとある（⑫四三〇）。桃井六郎次郎より大きな知行を得ていた彼は、一人でこれだけの者を従えて参陣する義務があったのである。

永禄十二年（一五六九）十月十二日、信玄は信濃の市川信房や海野《うんの》衆などへ参陣する際の装備について細部にわたる命令を下した（⑬三三八）。その第一条に烏帽子《えぼし》や笠を取って、馬に乗る者も歩兵もすべて甲《かぶと》をつけることとし、第八条では知行役の被官の内に軍役の補いとして百姓・職人・禰宜、または幼弱の者を召し連れて参陣することを禁じ、最後の第九条では、定納二万疋を所務する者は乗馬のほかに引いてくる馬を二疋必ず用意するようにとある。武士の中には軍役の人数あわせのため百姓や職人、子供などを戦場に連れてくる者もあったのである。

武田家において軍役規定が細かく出てくるようになるのは、長篠合戦での敗北以降であった。敗戦に対応するために軍役規定を細かくすると同時に、特に鉄砲への注意を喚起した。

すなわち、勝頼は天正三年（一五七五）十二月十六日、小泉昌宗に条目を送って軍備の注意をし（⑭一二五）、天正四年二月七日に小田切民部少輔へ道具数四十、乗馬とも四十六人と軍役を定め、領中が荒れ地になるなどの事態が生じたときには、検使が調べた上で命令をするとした（⑭一三七）。同年三月四日には大日方佐渡守の軍役も定められた（⑭一四九）。五月十二日には天正三年二月十四日段階で百三十四貫三百文の知行を持った初鹿野《はじかの》伝右衛門尉に（山四六六）、鉄砲一挺（上手な歩兵の放ち手と一挺につき玉薬三百放ちを用意）、弓一張（上手な射手、うつぼ〔矢を盛って腰に背負う用具〕・矢の根〔鏃《やじり》〕・弦を不足ないように支度）、持ち鑓五本（長さは鑓の穂先を含めて二間〔約三・六メートル〕以内）、小旗一本、以上道具数八、これらの人はいずれも具足・甲・手蓋《てがい》（鎧の付属具で肩先から左右の腕をおおう物）・のど輪（鎧の付属具で喉にかけて頸部から胸上部をおおう物）・差物をするようにと定めた（山四六七）。同日、大久保平太にも道具数四の軍役定書が出された（山一四〇五）。五月二日（十二日か）には古屋八左衛門の軍役が定められた（山三一二）。

以上のように、武田家では永禄年中から所領年貢の貫文高（貫高）を基準にした軍役が整備された。戦国大名は家臣の所領高を把握できれば従軍する数や軍備を確定できる。しかし基本的に軍役人の本領に検地役人を入れられなかったため、武田家は信濃や上野《こうずけ》など武力で制圧し、領主に大きな変動があって検地をしやすかった地に住む武士の所領に高い頻度で検地を行った。なお、残っている軍役規定からすると、信濃の武士が十貫あたり一・八七四人の兵を率いてゆかねばならないのに、甲斐の武士では十貫あたり〇・六七七人に過ぎず、侵略先の武士の方が軍役が重い。また信濃で知行高百貫文以上の者は十貫あたり二・〇一四人の負担なのに、知行高五十貫未満の者は十貫あたり〇・九七四人と、知行高の高い武士の方が負担が大きく、大きな知行を持つ武士はそれだけ組織だった軍備をしなくてはならなかった。

武田家の動員兵力は？

臣従した武士には、本領を安堵され本人一人で参陣する小侍から、多くの兵を引き連れていく者までさまざまであったが、戦争の際、武田家はいったいどれくらいの兵を動員できたのであろうか。

『甲陽軍鑑』にある「武田法性院信玄公御代惣人数之事」は、永禄十年（一五六七）ころの状況を伝えるとされる。これによれば武田家全体で騎馬数が合わせて九千百二十一騎、一騎あたり主と従者を合わせて五人として総計が四万五千六百五人、それに御旗本足軽八百八十四人、御家中の足軽五千四百八十九人を加えると全体で武田家の兵員は五万二千二十三人となる。また一騎あたり四人を従えると計算した場合は四万二千八百五十七人、三人の場合では三万三千七百三十六人だという。ちなみに旧参謀本部の『日本戦史』は、信玄の動員し得る兵力を約三万としている。

『甲陽軍鑑』などから永禄四年の川中島合戦の際、信玄は約二万の兵を率いていたとされる（井上鋭夫『謙信と信玄』至文堂）。高柳光壽《たかやなぎみつとし》は元亀三年（一五七二）十二月の三方《みかた》ケ原《はら》合戦における信玄の兵数を、北条氏の援軍を合わせて二万五千くらいではなかったかとする（『三方ケ原の戦』）。また長篠の戦いにおける織田・徳川連合軍と直接武田軍が戦った設楽原《したらがはら》における勝頼の兵力を『信長公記』は一万五千（信長の兵は家康勢を合わせて三万）、『三河物語』は二万余（同十万余）、『松平記《まつだいらき》』は二万五千（同七万余）、『甲陽軍鑑』は一万五千（同十万余）、『当代記』は一万（同四万）としているが、高柳光壽は武田軍が六千（同一万七、八千）とする（『長篠の戦』春秋社）。

こうした点からするならば、信玄・勝頼の武田家が最も勢力を誇った段階でも、一つの戦いに武田家が実際に動員できる人数は、二万から二万五千人程度ではなかったろうか。それにしても、これだけの人間を武田家当主は統率しなければならなかったのである。

細かい軍法

戦争に対処するためには武士に対する軍役指令だけでは不十分なので、戦争に際してどのように対応するかといった指令書が出された。

『甲陽軍鑑』によれば、信玄は元亀二年（一五七一）八月に元亀三年と天正元年（一五七三）の軍備について十八箇条からなる書付を分国中に回したという。これは元亀三年十二月の三方ケ原合戦を含む一連の軍事行動に対する前もっての指令であった。

信玄没後の元亀四年（天正元）十一月一日、武田家は浦野《うらの》宮内左衛門尉《くないざえもんのじょう》に八条からなる軍事的な指令書を出した（群二七四六）。また、長篠合戦を目前に控えた天正三年五月六日、勝頼は小幡信貞《おばたのぶさだ》に十三条からなる指令書をあてた（群二八一六）。

長篠合戦での敗北後、天正三年（一五七五）十二月十六日に武田家は十八条からなる軍役等の条目を、明年の遠江国出陣を前にして定めた（静九五五）。勝頼は天正四年九月六日、当時牧之島《まきのしま》（長野市信州新町《しんしゅうしんまち》）城代であった馬場信春《ばばのぶはる》の同心《どうしん》（上級家臣である寄親《よりおや》に付属させられた下級武士の寄子《よりこ》）へ軍法の条目を与えたが、そこには陣中における行動の細部が定められている（⑭一七二）。天正五年閏七月五日、三条からなる軍役条目を出し（静一〇六六、群二八七六）、天正七年十一月二日、駿河陣中から跡部勝忠《あとべかつただ》などに甲府守備に関する、九条からなる条目を送り（山一〇二、⑭四六〇）、十一月十六日にも甲府を守る跡部勝忠に留守中の用心などについて、十四条からなる細かい条目を送った（山一〇三）。

事例で明らかなように、細部にわたる軍事指令書は信玄末期の軍事行動から多くなり、特に天正三年（一五七五）五月二十一日の長篠合戦で敗北してから頻発されるようになった。その内容も次第に細かくなり、戦場の背後に控える者たちの対応策がよく練られるようになった。

武田家が出した軍事指令書でもっとも細かい内容が記されているのは、八月十日付で保科正俊《ほしなまさとし》にあてた二十八条からなる指令書（山二〇九）である。これは従来、三方ケ原合戦につながる元亀三年（一五七二）の軍事行動に関係するとみなされてきたが、武田家の軍事指令書を出した時代的流れからすると、長篠合戦で敗れた勝頼が改めて軍事行動をしようとした天正三年に出された可能性が高い。

大きな戦争をするに際してはそれだけ細かな指令が必要になる。信玄の時代のように勝ち続けているときは破綻《はたん》が少ないが、長篠合戦のような大きな合戦で敗れると、その立て直しのためには従来とは異なる綿密な指令が求められたのである。

戦国大名は軍事的な指令を出すためにも時代を読む力、家臣たちの動揺に対処する力、さらに指令を多く出すことによって家臣に与える安心感を読みとる力など、多くの能力を持たなくてはならなかったのである。

武器の確保

従軍する武士たちは、原則として軍役に示される武器を自前で用意した。武田家は自らが領国中で最大の領主という側面があり、同時に武田軍全体に対する配慮もあって、武器確保に努めなければならなかった。

信虎は天文九年（一五四〇）七月四日に市川（山梨県西八代郡市川三郷町）の矢師十一人に棟別役を免除し（山九二三）、信玄も天文十一年十月にこれを確認した（山九二四）。また、年未詳の子年七月（あるいは十二月）十二日に鍛冶で矢の根を作っていた惣左衛門に、細工の奉公をしているからと諸役を免除し大工職をあてがった（山一四六一）。鍛冶を確保し鏃《やじり》を作らせることは武器の調達につながった。

元亀二年（一五七一）十一月二十三日、武田家は駿河国唐沢郷（静岡市）が毎年矢篦《やの》（矢の幹、やがら）一万本を進上するというので、郷中の六人分の普請役を免除した（静三六六）。弓矢は戦国時代でも重要な武器だった。

飛び道具として時代を変えていったのは鉄砲だった。武田家も早くから鉄砲に注目していて、『妙法寺記』によれば信玄は天文二十四年（一五五五）、栗田氏が籠もる旭山城（長野市）に、人数三千人、強い弓八百張、それに鉄砲三百挺を入れた。信玄がいかにして鉄砲を入手したか不明であるが、この時期に既にこれほど鉄砲を持っていたのである。

鉄砲があっても銃弾がなくては武器にならない。年末詳の六月十一日、武田家は富士御室《おむろ》（山梨県南都留郡富士河口湖町）の神主へ、鉄砲玉にするために悪銭《あくせん》（質の粗悪な銭）があったら納めよと伝えた（山一六三二）。天正四年（一五七六）五月二十一日、勝頼は沢玄《たくげん》など七人に郷次《ごうなみ》の普請役（郷ごとに何人と決めて賦課される普請役）を免除し、鉄砲玉の製造に当たらせた（⑭一六二二）。また、天正八年八月二十七日に秋山下野守へ、鉄砲の弾十万を求めるように命じ（山一三二五）、年末詳六月十一日には御室神主へ鉄砲玉用に悪銭を納めさせた（山一六三二）。

鉄砲には火薬が必要である。弘治三年（一五五七）正月二十八日、武田家は彦十郎が煙硝銀を運ぶことを理由に諸役を免除した（山五八二）。勝頼は年末詳の十一月十四日に奥平喜八郎へ、去る春大島（長野県下伊那郡松川町《まつかわ》）在城の時、音信のため矢の根と煙硝《えんしよう》（有塩火薬）を送ってくれた礼状を出した（⑬六〇九）。

このように信玄も鉄砲には注意を払っていたが、長篠で敗れた勝頼にとってはとりわけ重視しなければならない武器になった。鉄砲を含めた武器を作るのは職人だったので、領内に多くの職人を抱え、増やすことが戦国大名としての生き残り戦術になったのである。

さまざまな職人の存在が強さの秘密

従来の戦国時代の観点には江戸時代の石高制《こくだかせい》の影が投影され、農業生産力がすべての力の源のようにみなされた傾向がある。川中島合戦で信玄は上杉謙信と戦ったが、謙信の越後は米どころであるのに対し山国甲斐では農業生産力が弱い、となれば軍資金は甲斐の金山だといった具合である。しかし、戦争には領国内のすべての人が何らかのかたちで参加しており、職人たちも参陣した。山国でさまざまな職人・技能者が存在したことが、武田家の軍事的な強さの一因となっていた。

参陣した職人に金山に関わる人たちもいた。永禄六年（一五六三）の武蔵松山城（埼玉県比企《ひき》郡吉見《よしみ》町）攻めにおいて、信玄は甲斐と信濃の金掘衆《かなほりしゅう》を集めて、地下から攻撃を加えさせた（⑫四三七）。坑道掘りの技術を持つ金掘に水の手を切らせたり、地下から櫓《やぐら》を崩させたりしたのである。その状況がもっともよくわかるのが元亀二年（一五七一）の駿河深沢城（静岡県御殿場《ごてんば》市）攻撃で、甲斐の多くの金山衆がこの城を攻めるのに活躍し、二月十三日に信玄から褒美として諸役を免除された（静二九七～三〇四）。

元亀三年五月二十一日に武田家は、渡辺兵部丞と小浜民部左衛門尉がこれから後、戦国での奉公を特別に勤めると言ってきたので、一月に馬三疋が分国中の諸役所を自由に通行できるようにした（山一三八〇）。渡辺は文書の伝来から大工（番匠《ばんしょう》）であったことが知られる。つまり戦場に大工も行っており、相手の城の破壊や自軍の陣営を築くなどの際に活躍したのである。

旧巨摩《こま》郡北山筋《きたやますじ》十二箇村（甲斐市と甲府市）の杣《そま》たちは、武田の時代から始まって天正十八年（一五九〇）の小田原北条攻め、文禄《ぶんろく》・慶長《けいちょう》の役などに従軍したという由緒を持つ（笹本正治「甲斐における近世初頭大鋸・杣制度の一考察」『信大史学』一二号）。木こりたちも武田軍の中に組み込まれていたのである。同様に武田家は木を鋸で製材する大鋸《おが》も支配していたようである。

そのほかにも多くの職人たちが戦争に動員されたが、こうした者たちをアレンジし、集合させる総合力を、戦国大名は持たねばならなかった。

参戦する民衆

戦争には民衆も参加したが、嫌々ながら連れてこられた者ばかりでなく、一攫千金《いつかくせんきん》の夢を抱いてやってきた者も多かった。参陣した民衆にとっての利益は略奪から得られた。

『甲陽軍鑑』によれば、永禄六年（一五六三）二月、信玄は上野の南牧《なんもく》（群馬県甘楽《かんら》郡南牧村）に着き、小幡《おばた》図書助《ずしよのすけ》を攻めたが、前もっての計略に従って火をつけ鬨《とき》の声をあげると、敵が驚いて逃げた。武田軍の悴者《かせもの》（武家の従者、身分の低い者）・小者《こもの》（武家に仕えて雑役に従事し、戦場では主人の馬先を駆走した軽輩の者）・歩者（歩行の兵、歩兵）たちは、敵からさまざまな物をはぎ取るなど、翌日まで小幡の居城で多くの乱取《らんどり》（敵地に乱入して略奪すること）をした。信玄は永禄十一年駿河に侵入すると、四騎の者に「乱取のようにして、雑人《ぞうにん》（身分の低い人、下の者）に紛れ、早く今川の御館に火をかけよ」と命じ、十二月十三日に駿府（静岡市）の城を焼いた。

このように、乱取は正規の武士のすることではなく、武士に従う者や戦争に動員された民衆によって行われた。武士ならば戦争に勝利すると軍功に従って恩賞が与えられる。ところが武士の従者や動員された百姓には、そうした利益がなかったので、勝ちに乗じての略奪や人狩りが、取り分になったのである。

戦場だけで戦争が行われていたわけではない。領国の中に住む従軍しない人々も直接戦争に関わっていた。天文十八年（一五四九）八月一日、信玄は古関《ふるせき》（甲府市古関町）・芦川《あしがわ》（西八代郡市川三郷町）・梯《かけはし》（甲府市梯町）の各郷に、戦争が継続している間は駿河よりの合力衆《ごうりきしゆう》（助勢の者たち）の荷物を運ぶために、今川義元の印判に従って伝馬を出させた（山五八一）。その代わり伝馬の負担者には、諸役免除などの特権が与えられた。

永禄三年（一五六〇）十月二十二日、信玄は大井左馬允に出馬をしない間の普請と番手の役を免除し、小諸《こもろ》（長野県小諸市）よりの兵粮《ひょうろう》の運送などを勤めさせた（⑫三一六）。永禄七年三月十日、信玄は某《なにがし》に鉄砲の火薬と玉、矢、兵粮を和田《わだ》（小県郡長和町）に届けさせた（⑫四八七）。ここでも負担者は普請役などが免除された。戦争を行うには、背後の物資供給体制も整えねばならなかったのである。

戦国大名には領国全体を戦争に動員させたり、背後においても戦争を支える態勢を、たとえ戦場にいても常に考えるだけの能力が求められた。一方、民衆はその負担を通して諸役免除などの利益を獲得していったのである。

3　勝利のために

神に祈る

後述するように武田家の氏神に当たる神社として窪八幡宮《くぼはちまんぐう》（山梨市）があった。信玄は天文十四年（一五四五）、信濃箕輪《みのわ》城（長野県上伊那郡箕輪町）攻略の立願のために画工宥純《ゆうじゅん》の手になる板絵三十六歌仙を窪八幡宮に奉納した（由緒書）。戦いを見守ってくれる氏神に奉納することでその助けを得ようとしたのである。天文十七年三月、窪八幡宮の木像狛犬《こまいぬ》六軀が作られたが、その銘には「源晴信武運長久、国土安穏、社頭栄久」などとあり、信玄が武運長久と国土安穏を祈って奉納したことが知られる。信玄は天文二十二年に窪八幡宮の拝殿を再建した（由緒書）。また、弘治三年（一五五七）に信玄は甘利昌忠《あまりまさただ》に窪八幡宮本殿の扉に金箔を押させたが、これは川中島合戦の勝利に対するお礼だとの伝承がある。

窪八幡宮の重視は勝頼も同様で、年未詳の六月二十六日に窪八幡宮の大宮司にあてて、御遷宮が十六日に成就したのはまことにめでたい、いよいよ神前において武田家繁栄、武運長久の祈禱を真心こめて懇《ねんご》ろに祈るようにと命じた（山四八五）。

現代の我々は戦争の勝利が神仏の加護によると考えないが、戦国大名は神仏が自分とともに戦場に臨んでくれ、その助けと人間の力が結集して敵に勝つと信じていた。

天文十七年（一五四八）と推定される八月十日、信玄は諏訪上社の最高位の神官である神長《じんちょう》に書状を送り、神前で真心をこめて祈禱した御玉会《おたまえ》（祈禱を修したことを記した札）・守符（お守り）を頂戴し、諏訪郡を思う通り手に入れることができたのは「明神の応護《おうご》」（諏訪明神が祈願に応じてくれた）だとして、お礼に太刀一腰を宝殿に奉納するので、いよいよ武運長久の祈念をしてほしいと求めた（⑪三九三）。

元亀元年（一五七〇）九月九日、信玄は諏訪上社に普賢五百座勤行《ごんぎょう》を命じた。これは甲州の武士を率いて関東に向かうに当たり、怨敵が信玄の幕下に降るか、撃砕散亡してことごとく指揮下に入り、凱歌を奏して甲府に帰ることができるよう、諏訪明神の保祐《ほゆう》（力を添えて助けること）を得るためであった（山八八六）。ちなみに年未詳九月二日、信玄は諏訪上社神宮寺の上坊に、卜筮《ぼくぜい》によれば神前で五百座の普賢法《ふげんほう》を勤行することが大吉と出たとして、厳重に修法《ずほう》するよう命じた（山一〇二四）。上社の本地仏は普賢菩薩だったので、このように普賢に関係する勤行が行われたのである。諏訪社は武を司る明神の鎮座するところなので、その加護をうけていさえすれば、戦争に勝てると信玄は考えていたのであろう。

信玄が力を借りようとしたのは神だけではなかった。永禄元年（一五五八）閏六月十九日には山城醍醐《だいご》寺《じ》（京都市）の理性院《りしょういん》にあてて、現在は戦国なので武運の祈禱として、信濃の安養寺領と文永寺領を甲斐の法善寺《ほうぜんじ》（山梨県南アルプス市）に寄付することはやむをえないが、来秋越後に向かって出勢の際、勝利の祈禱をそちらに依頼する、意図が成就したら必ず寄付すると書状を送っている（⑫二一六）。

信玄は年未詳七月四日、躑躅ヶ崎館内に祀られていた愛宕権現《あたごごんげん》の別当寺である愛宕山西坊に書状を出し、越後国衆が当方の領国に乱入したので防戦のために出馬したところ、敵はその功なく半途で引き返した、この状況ならば自分の思う通りになるであろうから、いよいよ当社権現の神力を借り、自分が武運長久を保つことができるように祈ってほしいと依頼した（山四一七）。

勝利を神に祈願するのは勝頼も同じで、天正二年（一五七四）閏十一月二十二日、諏訪上社の禰宜大夫某が神前で勝頼の武運長久を祈禱した玉会を受け取り、礼状をしたためた（⑭七五）。また、勝頼は天正七年十一月二日、跡部勝忠などの甲府の留守を守る者たちに、陣中の祈念を疎略《そりゃく》なくするように命じ（山一〇二）、同月十六日にも跡部勝忠へ、諸祈禱が油断なく行われるよう催促をする旨指令した（山一〇三）。

中世の人々は神仏が直接武器を取って戦場に臨んでくれ、それも人間の神仏に対する普段の祈りが多ければ多いほど神仏の力は大きくなり、自分たちの勝利につながると理解した。戦国大名も日常から神仏を信じ、祈りを捧げていたので、祈りは生活の一部になっていたのである。

ギブ・アンド・テイク

戦国大名は神に一方的に祈るだけでは足りないと考えた。戦国大名と家臣の関係が御恩と奉公であるならば、加護を受ける神仏に対してでも相応のお礼をするのが当然だったのである。

信玄は天文十一年（一五四二）九月二十四日、諏訪頼継《すわよりつぐ》を討とうとして、この度の作戦で勝利したならば、具足一領と馬一疋を献納し、伊那郡において百貫文の地を神領として寄進する、と諏訪法性大明神に願書を捧げた（⑪一八六）。この誓約に従って天文十五年九月吉日、信玄は諏訪上社に信州伊那郡の内広垣内百貫文を寄進した（⑪三二六）。

天文二十年二月五日、信玄は「甲州一宮大明神御宝殿前」へ社領を寄進した。それは信濃府中攻略が成功した理由を、去る天文十九年閏五月二十三日に信玄が奉納した願書に明神が感応した（信心が神仏の霊に通じた）と解釈したからだった（山七八六、文言はやや不自然）。また弘治二年（一五五六）正月三日にも、去る天文十六年の宿願が成就したとして、信州筑摩郡小松の郷（松本市）内において十貫文の地を寄進した（山七八七）。同じことは二宮にもなされた（山七四四）ので、天文十六年に信玄は一宮と二宮に願をかけたことがわかる。おそらく信州の掌握を祈願していたのであろう。

信玄は天文十三年（一五四四）に京都の清水寺《きよみずでら》成就院に、信州が全部自分の手に属したら寄進をすると約束し戦勝を祈ったので、出陣に当たり成就院より観音の像二幅などを贈られた。信玄は天文二十二年十二月十八日重ねて同院へ、信濃にまだ自分の思うようになっていない郡がある、すべて意図通りになったら寄進をするので、いよいよ武運長久の祈念をしてほしいと依頼し、去る秋の勝利はひとえに仏力の故と思うので黄金十両を送る、と書状をしたためた（⑪六〇八）。

勝頼は天正八年（一五八〇）三月七日に練光寺《れんこうじ》（長野市）の泉良《せんりょう》へ、北条氏政《ほうじょううじまさ》を討って相模《さがみ》・伊豆《いず》を平定できたら一所を寄付するので、戦勝を祈願するよう依頼した（⑭五〇〇）。

領国内の寺社は武田家を守る

信玄も勝頼も戦場で勝利するために神仏に祈り、勝利を与えてくれたら神領寄進などをしますと約束することで、よりいっそうの加護を求めたのである。ところが信玄は次第に、領国内の寺社は武田家の勝利を保証するのが当然だと考えるに至った。

信濃における修験道を代表する場所に飯縄山《いいづなやま》（長野市他）がある。信玄は弘治三年（一五五七）三月二十八日に飯縄権現の千日へ、飯縄山を父豊前守が抱えていた時のように安堵し、武運長久の祈念を命じた（⑫一五〇）。また元亀元年（一五七〇）九月一日には飯縄大明神の社領を確認し、新寄進をして武田家の武運長久を祈らせた（⑬三九一）。

こうした役割は寺においても同じで、信玄は、永禄六年（一五六三）七月二十八日に開善寺（長野県上田市）へ寺領を還付し、毎日法華経を二巻読誦《どくじゆ》させ、いよいよ武田家の武運が長久で、分国が静謐《せいひつ》であったら、残る寺領も以前のように寄進すると約束した（⑫四五六）。また、永禄十年（一五六七）十一月十二日には諏訪社下社秋宮の三精寺に寺領を還付し、「神前」において武運長久の祈禱をさせた（⑬一八五）。

勝頼の代になっても、領国内の寺社が武田家のために祈るのは義務だとする考え方は、強まりこそすれ弱まらなかった。特に勝頼の場合には諏訪社との関係が強く、神勝頼と称しただけに、諏訪社を自らの氏神のように強く意識していた。天正二年（一五七四）十二月三日、勝頼は諏訪上社神長守矢《もりや》信真《のぶまさ》と同社禰宜大夫某との参籠座次争いを、上古からの儀なので改替しないと裁定し、禰宜大夫に百箇日の社参を怠慢なく行い、武田家の武運長久、国家安全の祈禱をしっかりするようにと命じた（⑭七六）。

勝頼は天正二年七月九日、遠江国一乗院と白羽《しろわ》大明神社（静岡県御前崎《おまえざき》市）に社領等を安堵し、武田家の武運長久を懇ろに祈らせた（静七八〇、七八一）。同じように勝頼が旧領を安堵して武田家の武運長久を祈らせた例に、天正五年（一五七七）十二月二十八日の新海《しんかい》大明神（現・新海三社神社、長野県佐久市）（⑭二二四）、天正八年閏三月十日の飯縄社（現・飯縄神社、長野市）（⑭五〇六）などがある。

寺に対しても同様の姿勢をとり、天正五年二月三日、勝頼は若沢寺《にやくたくじ》（長野県松本市波田《はた》）の寺領を安堵し、観音堂や寺中の造営を勧めさせるとともに、武田家の武運長久をしっかり祈らせた（⑭一八六）。同様の例に天正六年三月二十三日の上野国碓氷《うすい》郡の不動寺（群馬県安中市松井田《まついだ》町）（群二八九四）、天正八年五月十六日の前山寺《ぜんさんじ》（上田市）（⑭五一五）などがある。

領国内の寺社が武田家の武運長久を祈るのは当然だとする考え方は、武田家が国を単位とする共同体の代表であって、武田家の武運長久がそのまま地域の平和につながる、との理解に基づくものであった。

占に従う

信玄も勝頼も戦さは基本的に神仏の加護によって勝利が決まるので、神仏の意にしたがって行動するならば勝利はまちがいないと考えた。そのために彼らは神仏の意をうかがった上で軍事行動を起こした。

永禄元年（一五五八）八月、信玄は謙信と決戦をしようと戸隠山《とがくしさん》中院（長野市戸隠）に修理科を寄進し、戦勝を祈らせた。その願状には、永禄元年に居を信州に移したいと思って先に筮《ぜい》（めどき）を取って、信濃の十二郡が自分の思う通りになるかと占ったところ必ず得ると出た、また越後と甲斐との和平を停止して戦争をするのは吉かと占ったところ得ると出たので、信州に移住すれば今年の内に信濃は錐の先ほどの地も残さず自分の掌握するところとなるであろう、もし越後の兵が動けば、先の占の結果に従って敵は忽ち滅亡し、自分が必ず勝利を得るはずだと記されている（⑫二二一）。占の結果を再度神に約束させようと願書を出したのである。

　永禄二年（一五五九）五月吉日、信玄は信濃の松原諏訪社（現・松原諏訪神社、長野県南佐久郡小海《こうみ》町）に、「今度卜問《ぼくもん》最吉に任せ」甲州勢を信州奥郡（水内郡・高井郡・更級郡・埴科郡）ならびに越後との境に引率すると述べ、自分は多年神が眼前にあるように敬い謹んで厚くもてなし、わずかの間でも神に仕えてきたので、何とぞ天帝の照鑑にしたがって、敵城が悉《ことごと》く自落退散し、上杉軍が武田軍に向かってきたら、相手が敗北し消滅するようにしていただきたい、神明の前に私心はなく、凱歌を奏して武田の家が安泰になったら、具足一領と神馬一疋を宝前に献ずると願文を出した（⑫二五四）。

　永禄七年（一五六四）に信玄が薬王寺《やくおうじ》（山梨県西八代郡市川三郷町）と慈眼寺《じげんじ》（笛吹市）に諏訪社の神鬮《みくじ》を取らせたところ、上社と下社で別の結果が出た。そこで二月十七日両寺に書状を送り、重ねて新立願をして鬮を取らせ、この度は神前で一廉《ひとかど》精誠を凝らして祈念せよと命じ、信玄が多年神前に神がいるように謹んで礼奠《れいてん》（神に物を供えて祀ること）を怠慢なく行い、敬神していることを両社が納受してくれるならば、上下の宮とも同一結果が出るはずなので、他事を忘れて念入りに鬮を取るように、祈念が成就したならば布施物を与えると連絡した(⑫四八一)。祈念を成就させ同一の結果を出させるのが二つの寺の役割だとしているわけで、本来神の意を問うための鬮なのに、信玄は鬮の結果を政治の道具にしている。ここに一方では神意におびえながらも、一方では神意までも自分の思いのままにしようとする信玄の揺れる心が現れている。

謙信と信長の間に立つ信玄

信玄は統治を始めた時期には占いなどによって神や仏の意図を読み、それにしたがって行動するようにしていたが、次第に神仏を政治の道具にしていった。彼に見られる神仏に対する意識変化は、戦国大名全体の中でどのような位置を占めるのだろうか。

信玄の好敵手上杉謙信が用いた軍旗「毘」の一字は、毘沙門天《びしゃもんてん》の頭字であった。謙信は春日山城内に毘沙門堂を設け毘沙門天を祀っていたが、現在米沢市の上杉神社にある絹本着色《けんぽんちゃくしょく》毘沙門天像がその堂内にあったものといわれる。また新潟県長岡市栃尾の常安寺には謙信所用と伝えられる飯縄権現を形取った兜前立がある。

さらに謙信・景勝が使用した印章の印文には「阿弥陀・日天・弁財天」、「摩利支天《まりしてん》・月天子・勝軍地蔵」、「立願勝軍地蔵・摩利支天・飯縄明神」がある。この他謙信に関わる遺物には信仰関係のものが数多く残っている。本書冒頭でも謙信の願文に触れたが、こうしたものを全体としてみると、謙信は信玄よりはるかに宗教世界に身を置き、神仏を頼んでいたようである。

一方、神仏信仰からもっとも離れていたように見えるのは織田信長である。

永禄三年（一五六〇）五月十八日の夜、今川義元軍の動きを聞いて信長は敦盛《あつもり》の舞を舞い、「人間五十年、下天の内をくらぶれば、夢幻のごとくなり。一度生を得て滅せぬ者のあるべきか」とうたってそのまま出陣した。翌朝辰刻（午前八時ころ）源太夫宮殿（上知我麻《かみちかま》神社、熱田神宮の摂社七所の一）の前で東を見ると鷲頭《わしづ》・丸根《まるね》の砦が落ちたらしく煙が見えた。この後、桶狭間の合戦では山際まで人数を寄せたところ、急に村雨石氷を投げ打つように敵の面に打ち付け、味方には後ろの方に降りかかった。こうした状況に「熱田大明神の神戦《かみいくさ》か」といったという（『信長公記』）。天気を味方にしての急襲で、信長は義元を討つことができたのである。

信長はまったく神仏に頼らず自らの力で勝ち進んでいったかに見えるが、わざわざ源太夫宮が記され、大雨を熱田大明神の神戦と表現し、さらに熱田神宮境内には今川義元を破った信長が戦勝の礼として寄進したという信長塀があることを考えると、この時信長が熱田大明神の加護を願っていたことは間違いなかろう。信長もはじめは神を頼ったのである。

ところが信長は、元亀二年（一五七一）五月に伊勢長島の一向一揆を討伐し、九月に比叡山延暦寺を焼き討ちした。天正二年（一五七四）九月には伊勢長島の一向一揆を平らげ、天正四年四月に石山合戦で本願寺光佐を大坂に討ち、翌年紀伊の雑賀《さいが》一揆を平定し、天正九年八月には高野聖《こうやひじり》千数百人を殺害した。天正十年の武田家滅亡に際しては多くの寺社を焼き、最後には甲斐の恵林寺に火をかけた。つまり旧来の宗教的権威に立ち向かっているのである。

はじめは神仏に頼っていた信長も、勢力を増すに連れて神仏から離れていかざるを得なかった。それは天下統一のために旧来の権威や組織を断ち切る必要があったためである。神仏がいる社寺は当時アジール（避難所）であり、敵対関係を持った者もこの中に入れば逃れることができた。また守護不入の場として独自の勢力を誇っており、一大領主として武力や経済力を有していた。国内を均一に支配していこうとするならば、神仏に立ち向かう形で寺社と対峙せねばならなかった。むしろ神仏と対決する意識を持っていたからこそ、天下統一の歩みを進めたともいえるのである。

こうして同じ時期に生きた謙信と信長、信玄を置いてみると、謙信がもっとも神仏に依頼する中世的タイプで、信長は神仏の力を信じない近世的タイプ、信玄はこの中間にあったといえよう。

戦国時代の心の変化

戦乱の中に身を置いた者が心の平和を守るために神仏を頼ることは当然であったが、どれほど神仏を頼んでもそれだけでは戦争に勝ち抜くことはできず、自らの力によるしかなかった。戦国の世の厳しさは神仏を頼るのではなく、自己の力で勝ち抜いていかねばならないことを実感させたのである。このことは必然的に、神仏にひたすら帰依する意識を減退させた。

中世では自然のままの大地は神が支配する場と考えられ、ここに手を入れることは特別な行為だと考えられていた。ところが、戦国時代を通じて山城が多く築かれ、新田開発や金山開発も行われ、従来にはなかったほど人間が自然に手を加えた。それでも神仏の罰はなかった。神のおそれは開発を通じても乗り越えられたのである（笹本正治『中世的世界から近世的世界へ—場・音・人をめぐって—』岩田書院）。

神社の鰐口《わにぐち》や太鼓、寺の梵鐘《ぼんしょう》などは神仏と人間をつなぐ手段であったが、戦争の場においてこれは兵に指揮を執る道具になった。神仏の世界とこの世とを結ぶ器具としての意識より、この世の人間たちに連絡する道具の意識が強くなった（笹本正治『中世の音・近世の音―鐘の音の結ぶ世界―』講談社学術文庫）。

関所も本来は初穂（その年初めて収穫した穀物を神仏に最初に奉る）と同様、神仏の存在を前提とするものであったが、経済的な意図や領国の防御を目的として設置されるようになり、神仏の意識はほとんど忘れられた。同様に市場も本来神仏の前で開くものであったが、神仏とは関係なく広く行われるようになった。日常生活でも神仏を意識することが減っていった。

戦乱の中で生きる不安から神仏に頼ろうとしながら、一方では神仏の力に限りがあることを知るという、神仏と現実の間で引き裂かれたような意識を戦国の人々は持っていた。こうした社会意識が戦国大名にも影響を与え、戦国大名はそれをリードする形で、神仏を政治や統治の道具としていったのである。

味方を鼓舞する手段

天文十一年（一五四二）、信玄が諏訪頼重攻撃の軍を動かし、七月一日長峰（長野県茅野《ちの》市）に陣を取ると、諏訪の方に雲が黒く赤く見えた。その後三日に武田軍は桑原城（長野県諏訪市）を詰め、翌日城を攻めて頼重を生け捕った（『高白斎記』）。この黒赤の雲は勝利を伝える象徴として理解され、記録されたものであろう。

武田軍は天文十六年（一五四七）閏七月に志賀城（長野県佐久市）を攻撃した。八月一日少し雨が降ったが、この時敵城の雲は布のように見えた（『高白斎記』）。武将の高白斎がわざわざ雲の形状を記しているのは、彼がこの雲を旗雲と解して特別な意味を読みとったためだろう。その後十一日に城主を討ち取ったので、雲は味方勝利の知らせと理解されたようである。雲の形状は味方を勇気づける宣伝に用いられたといえよう。

逆に不吉な知らせとみなされる事象もあった。信玄は天文十三年（一五四四）十月十六日に出陣したが、礼拝場において馬が鼻血を出した。『高白斎記』は「苦しからず候やその後何事なし」と記している。信玄の家臣たちは信玄の乗った馬が鼻血を出したのを見て、不吉なものを感じたのである。

天文十九年（一五五〇）八月、信玄は村上義清の戸石城（長野県上田市）を攻撃した。二十五日に長窪（長野県小県郡長和町）の信玄陣所の上、南東の方に黒雲の中に赤雲が立ち、西の雲の前がなびく気があった。二十七日信玄は海野口《うんのくち》向の原に着陣したが、鹿が一頭陣の中を通った。二十八日に戸石城の城際の矢降地に陣を寄せ、信玄も見物のために出て矢を入れ始めたところ、午後六時ころに西の方に赤黄の雲が五尺ばかり立って、赤火の如くになって消えた（『高白斎記』）。結局、戸石城攻めで信玄は敗北を喫するが、これらの現象はすべて武田軍に対する何らかの前兆と解され、高白斎が記録したのである。

当時の人々にとって雲の色や動植物の動きは特別な意味を持つと理解され、いつもこれに注意していた。戦国大名は自然の微妙な異変を神仏からの連絡ととらえ、巧みに戦勝の知らせだと解釈して自らを鼓舞し、同時にそれを家臣たちに宣伝して戦意を高揚させ、戦場に臨ませた。言葉を換えるならば、精神的に家臣を巧みにリードできなければ、戦争での勝利もおぼつかなかった。おそらく先に見た占いの結果や、神仏にあてた願文はそのまま家臣たちにも流されて、我々は神仏に守られているという確信を植え付けていたものであろう。

正義は我らに

神仏の加護があるとの理解は兵士を気丈《きじょう》にしたが、自分たちこそ正義なのだという意識も戦意を高揚させるのに必要だった。それが戦争における大義名分で、我らが正義なので、神仏も守護してくれ、社会も応援してくれるとの理解につながった。

天文十年（一五四一）に信玄は高遠の諏訪頼継とともに諏訪を攻め、頼重を破って二人で諏訪郡を分けた。翌年九月十日、頼継は諏訪氏の総領になろうとして武田軍が駐屯する上原（長野県茅野市）をうち破り、諏訪下社に押し掛け、諏訪上・下社の双方を手に入れた。これに対して信玄は、九月十九日に頼重の遺言だとして彼の遺子である寅王《とらおう》丸を引き立て、二十五日に諏訪頼継・矢島満清等を安国寺前の宮川（茅野市）に攻め破った（⑪一八七）。この時の戦いでは、寅王丸を擁する自分たちこそ正義なのだと、彼を大義名分の道具にしたのである。

天文十五年（一五四六）六月十一日に朝廷からの使いが甲府に着き、十六日には信玄が綸旨《りんじ》（天皇の意志を伝える文書）を得た祝儀がなされた。八月十九日には信玄から使者に、信州において来年から万疋の御料所（朝廷の直轄領）の御年貢を進上すると伝え、もし信州十二郡が手に入ったならば三万疋の加増をすると約束した（『高白斎記』）。信濃全体が手に入ったらという条件を付けたことは、信濃支配を朝廷から認められたのと同じ意味を持ち、これ以降の信濃侵略の理由にすることができた。

弘治三年（一五五七）三月三日、後奈良《ごなら》天皇から伊那文永寺（長野県飯田市）の再興について山城醍醐寺に命令があったので、文永寺の厳詢《ごんじゅん》は信濃へ下り、寺のことを信玄に訴訟しようとした（⑫一四一）。領国内の最高責任者として信玄が存在したため、朝廷からの命令の実行を彼に求めようとしたのである。実態としても天皇と結びついていたので、信玄の信濃支配は権威を持ったといえよう。

信玄は永禄元年（一五五八）三月十日付の御内書《ごないしょ》（将軍が出した文書）によって、信濃守《しなののかみ》に補任《ぶにん》された（⑫二三三）。将軍足利義昭《あしかがよしあき》は永禄元年十一月二十八日以前に、信玄が越後および信濃を侵略したことを責めたが、信玄は十一月二十八日付で大館晴光《おおだてはるみつ》に返答状を送って、自分が信濃守護になった以上、信濃支配について他からの妨げがあってはならないのに、謙信が信州に放火して上意に背いているのだと主張した（⑫二三二）。将軍は上杉謙信との和融を条件に信玄を信濃守護に補任したのに、信玄は信濃守補任を自らの信濃支配の根拠として、戦争を続けていった。

このように戦国大名は自らの行動を正当化して戦争をし、社会の容認を得るとともに、家臣たちの戦意を高揚させ、勝利を得ようとしたのである。

約束手形

武士は精神面だけで鼓舞されるわけがなく、直接的な利益を求めて参陣した。戦国大名は彼らの心をくすぐるために、戦争に勝ったらこれだけの宛行《あてがい》をすると約束手形を出して士気を高めることもあった。

信玄は天文十七年（一五四八）正月十八日、信州が自分の思う通りになったら家臣にも相当の地を与えるとの朱印を下し、二月に村上義清を攻めるため坂木《さかき》（長野県埴科《はにしな》郡坂城《さかき》町）に向かった（『高白斎記』）。同じく信玄は天文十九年七月二日、真田幸隆《さなだゆきたか》に自分の意図通りになったら諏訪形《すわがた》（長野県上田市）の三百貫と横田遺跡上条の合計千貫を宛がうと約束し（群二〇一一）、天文二十二年五月には海野下野守に三百貫文を思うままになったら渡すと判物を与え（『高白斎記』）、永禄八年（一五六五）十一月十日には池田佐渡守が武山城《たけやま》（群馬県吾妻郡中之条町《あがつまなかのじょう》）に籠もり斎藤を守り立てたのを賞し、武山の地が意のままになったならば、本領山田郷（中之条町）で百五十貫文の地を宛がうと約束した（群二三〇一）。

これらは約束手形なので、戦争に勝利した場合にだけ与えられ、負けた場合には信玄の所領が減ずるわけではなかった。一方、武士は勝利したときの利益の約束がされているので、死にものぐるいで戦ったのである。

大げさな宣伝

戦争においては多くの味方を得る必要があった。いったん勝ちに乗じると、周囲の者たちも利益にあずかろうと、一気に味方する姿勢を見せるので、彼らの動きが確実な勝利をもたらすからである。このために戦国大名は自らの勝利を誇大に宣伝し、家臣に安心感を与え、一方ではそれによって新たな味方を得ようとした。

信玄は永禄十二年（一五六九）五月二十三日、織田信長家臣の津田国千世と武井夕庵《たけいせきあん》に、自分が去年駿州へ出張したところ氏真は没落し、遠州もことごとく我が手に属し、掛川《かけがわ》（静岡県掛川市）一ヵ所だけが残っているなどと知らせた（神七七七五）。同年七月二日に信玄は玉井石見守に、三島《みしま》（静岡県三島市）以下を撃砕し、武田の先衆と北条氏規《ほうじょううじのり》兄弟が一戦をしたが味方が勝利し、敵勢五百余人を討ち取ったなどと知らせた（神七八三〇）。永禄十二年十二月六日、信玄は真田幸隆《さなだゆきたか》と真田信綱《さなだのぶつな》に書状を送り、六日に蒲原《かんばら》城《じょう》（静岡市清水区）を攻撃し、城主を始め残らず敵を討ち取って城を乗っ取ったが、まことに前代未聞の成り行きだったなどと連絡した（⑬三五一）。

天正三年（一五七五）と推定される五月二十日、勝頼は長篠合戦の様子を心配して手紙をくれた三浦員《みうらかず》久《ひさ》に返書を出した。文面には、すべて思い通りになっているので安心してほしい、長篠に取り詰めたところ信長と家康が後詰《ごづめ》に出張してきたので対陣したが、敵は戦術を失敗して一段と逼迫《ひっぱく》しているように見えたので、自分は無二に敵陣に乗りかかり、信長・家康の両方とも自分の意のままにやっつけた、なおそちらの城の用心を念を入れて行うことが肝要だとある（山一四七二）。事実とは正反対であるが、こうした情報を流すことで武田軍の動揺を防ごうとしたのである。

このように、信玄・勝頼とも戦場において次々に書状を書き、軍事的な指令書などを発していた。本人がすべて書くわけではなく右筆衆《ゆうひつしゅう》（秘書役）がいたが、それにしても戦争の合間に遠くにいる者たちに勝利の宣伝文を書いたり、細かい指令をしたりしなければならず、戦国大名は戦争の合間も休むことさえできなかった。

ちなみに『甲陽軍鑑』によれば、信玄の時代には右筆として釈栄順《しやくえいじゆん》（内藤昌豊《ないとうまさとよ》の従兄弟）、神尾《かんのお》庄左衛門、宗白《そうはく》がおり、諸国へ連絡を取る御使い衆としては日向玄東斎《ひなたげんとうさい》、秋山十郎兵衛、西山十右衛門、雨宮存哲がいた。また八重森因幡《やえもりいなば》は信玄の妻の三条殿衆で、彼女とともに京からやってきて中国・四国方面の使い番をしたという。

情報戦

戦争に勝ち抜くには敵方の情報を入手し、社会全体の流れを的確に捕まえることが必要で、広く情報を集めねばならない。

年未詳ではあるが永禄二年（一五五九）以前の年未詳十月二日、武田家は柳沢という商人に「敵の時宜《じぎ》節々聞き届け注進について」、一月に馬一疋分の諸役を免除した（山五八二）。商人は国内外に広い活動をしており、その持つ情報量も大きかったので、信玄は彼らから敵の情報を仕入れていたのである。

永禄七年（一五六四）十月二十七日に信玄は真田幸隆へ、風聞によれば謙信が飯山《いいやま》（長野県飯山市）に移ったというが、どんな具合か不安なので、在城衆で話し合って城中の備えを堅くしてほしいと連絡した（⑫五四〇）。また永禄十二年と推定される十二月二日、信玄は一陽斎《いちようさい》に書状を送り、自分たちの軍が動くとの風聞があり、根原《ねばら》（静岡県富士宮市《ふじのみや》）の文左衛門尉が在所を退いたというが不審である、あなたと彼とのよしみによって当方の動きは虚説であると連絡してほしいと求めた（山六八三）。

風聞は大きな情報であった。その入手経路は示されていないが、前述のような商人や家臣たちからの知らせが、信玄の行動判断の材料にされたのであろう。

情報は自分から意図的に流されることもあった。元亀三年（一五七二）正月二十八日、信玄は織田信長に仕える武井《たけい》夕庵《せきあん》に書状を送り、甲斐と相模が和睦したことについて徳川家康方から虚説が伝わるだろうが、たとえ日本の過半が自分の手に属したとしても、信長を疎遠にするようなことはないと述べた（静三八二）。徳川家康からの情報を信用しないようにと伝えることで、相手方の情報に対して先手を打とうとしたのである。

天正四年（一五七六）五月晦日、勝頼は原出雲守《はらいずものかみ》に敵国からやってくる者を厳重に改めて、不審な者については即座に連絡するように命じた（⑭一六四）。多くの人が戦国大名の領国を越えて活動していたので、戦国大名は彼らから情報を得ていたが、逆に情報が敵に流れるのにも備えていなければならなかった。

いずれにしろ戦国大名は、さまざまな情報に目を凝らすとともに、そこから事実を読みとり、今起きつつあることや将来を判断していかねばならなかった。自身が情報を集めたり流す基点に位置し、自らの立場を有利にしていく必要があったのである。

それなら、緊急時の連絡体制を武田家はいかに整備していたのであろうか。武田家で有名なのは狼煙《のろし》による情報伝達で、各地に狼煙台と伝えられる施設が残っている。狼煙を上げることによって遠距離を煙でつなぎ、即座に情報を伝えたというのである。なお、狼煙の場合雨の日や夜などに見落とされやすいし、その番に当たる人が四六時中緊張して見張っていることも大変である。それに比べると鐘の音の方が注意を引きやすく、番も楽である。実際山梨県の各地に、戦国時代に連絡用の鐘がかけられていたと伝えられる場所が残っている。

戦国大名は戦争を始める前に、実に細かい配慮をしながら、家臣たちを鼓舞し、精神的に自分たちを敵よりどれだけ高い位置に置くかに苦心していた。心理作戦が、戦争で勝つ大きな要素になっており、しかも実際の戦争にあっては情報が大きな意味を持つので、いかにして敵の情報を得たり、自分に都合のよい情報を流すかに腐心したのである。こんな状態で、日常的に家臣の操作や敵方の動向などに気を配っていなければならないとしたら、戦国大名はそれに費やすエネルギーだけでも相当なものであったろう。

4　戦さぶりに現れる個性

駿河勢との戦い――信虎

永正十三年（一五一六）、信虎は前年から引き続いて上野城《うえの》（山梨県南アルプス市）の大井信達《おおいのぶさと》と戦っていたが、九月二十八日になると万力《まんりき》（山梨市）において駿河勢と合戦した。彼らは大井氏と結びついて進入してきたのであろう。駿河勢は国中にことごとく火をかけ、八幡山（山梨市）・松本（笛吹市）・七覚《しつかく》（甲府市左右口町中道《なかみち》）も焼いてしまった。その後、駿河勢は曽根（同上曽根町）の毛沢に陣を取り、勝山（同）に城を築いた（『王代記』）。こうした中で九月二十八日に恵林寺《えりんじ》（塩山市）の北の扇山の武田勢が敗れたため、信虎は恵林寺へ引き籠もった（『高白斎記』）。命からがらに寺に逃げ込まねばならないほど、このころ信虎の勢力は弱かったのである。

けれども次第に甲州勢は失地を回復し、十二月二十九日に吉田城山（富士吉田市）に籠もった駿河勢を攻めるため小林宮内丞が出陣し、翌年正月には小林尾張入道も攻撃に加わったので、正月十二日に駿河勢は引き退き、吉田において甲斐と駿河は和平をした（『妙法寺記』）。国中《くになか》においても三月二日に駿河勢は引き返した（『王代記』）。駿河勢を追い払った勢いにのって、永正十六年に信虎は躑躅ヶ崎の館を築き、現在の甲府《こうふ》ができた。

大永元年（一五二一）に再び駿河から福島勢が攻め込み、九月十六日には富田城《とだ》（南アルプス市）が落ちたので、午前四時ころに信虎は避難のため要害城（甲府市）へ登った。その後十月十六日に飯田河原（甲府市）で武田軍が勝利した。駿河勢は十一月十日に勝山に籠もったが、再び攻め上がってきた。武田軍は二十三日に上条河原（甲斐市）の合戦で数多くの駿河勢を討ち取り、翌大永二年正月十四日、富田城にいた駿河衆を排除して帰国させた（『高白斎記』）。

このように信虎の時期、甲州は駿州勢や相州勢、さらには信州勢によってたびたび攻め込まれた。ところが当時の社会において国に帰属する意識は、我々が持っている都道府県意識より遥かに強く、他国から攻め込まれた甲州人は祖国防衛のためにまとまり、死にものぐるいで戦って、他国の軍勢を退けた。そしてこの一連の戦いを通じて信虎の影響力も増し、甲斐の統一が可能になった。いうならば、信虎段階の他国勢との戦いは組織だったものではなく、甲斐の住民の意識に訴えてのゲリラ戦的側面が強かったのである。

志賀城攻め――硬軟とりまぜた信玄の戦い

信玄の戦いといえば川中島《かわなかじま》合戦が有名であるが、ここでは人口に膾炙《かいしゃ》した川中島合戦以外のものを取り上げよう。

天文十六年（一五四七）閏七月九日、信玄は笠原清繁《かさはらきよしげ》の守る志賀城（長野県佐久市）を攻めるために大井三河その外の先衆を出陣させ、十三日に自らも出馬した。二十日に信玄は桜井山（同）に着き、その軍勢が二十四日朝六時ころから正午ころまで志賀城を攻め、翌日午後二時ころ水の手を切った。この日には信濃の小笠原《おがさわら》氏や山家《やまべ》家も武田勢に加わった（『高白斎記』）。

信玄は天文十七年（一五四八）七月十九日の塩尻峠《しおじり》の戦いでも十一日に出陣してゆっくりと行動した上、十八日の朝六時ころ先に陣をしいて油断しきっていた小笠原軍を急襲した（⑪三七九）。先例ともいえるようにこの時も時間をかけて現地に行き、相手が油断していた早朝に攻撃をかけた。しかも今回の攻撃は敵の城の水の手を切ることとつながっていて、長期の攻撃に布石を打った。その上に信濃の軍勢をも味方にしている。実に慎重な攻撃態勢であり、単純な力攻めをしていないのである。

なぜ信玄が志賀城を攻めたかというと、これより先、信虎が天文九年（一五四〇）から佐久郡に進入しており、天文十年に家督を継いだ信玄も、天文十二年に長窪城（長野県小県郡長和町）を攻め、大井郷（佐久市）を中心に勢力を持つ大井貞隆《おおいさだたか》を生け捕って、翌年五月には内山城（同）を奪取して貞隆の子の貞清《さだきよ》を降伏させ、信玄はほぼ佐久地方を手に入れたけれども、笠原清繁だけが頑強に抵抗していたためであった。

笠原清繁が信玄に強い態度をとれたのは、佐久地方が信玄の勢力下に入った場合、次に侵略の危険にさらされる西上野《こうずけ》（群馬県西部）の豪族や、上野平井（群馬県藤岡《ふじおか》市）に本拠を置く関東管領《かんとうかんれい》上杉憲政《のりまさ》などが支援していたからであった。

笠原軍は武田軍の攻撃に耐えながら、上杉憲政に救援を依頼したので、金井秀景《かないひでかげ》を総大将とする援軍が小田井《おたい》原（長野県北佐久郡御代田《みよた》町）まで出陣してきた。これを八月六日朝六時ころ、武田軍の板垣信方《いたがきのぶかた》などが迎え撃ち、総大将十四、五人、雑兵三千人ばかりを討ち取った（『高白斎記』、『妙法寺記』）。ここでも先に陣を取り油断していた上州軍に、武田軍は早朝攻撃をかけて圧倒的な勝利をあげたのである。

武田軍が討ち取った首をことごとく志賀城の周囲に並べて、立て籠もっていた者たちに見せつけ、心理的に揺さぶったため、城兵は士気を失った。その上、彼らは長いこと水不足に耐えていた(『妙法寺記』)。信玄は援軍を破り、取った首を城の周囲に並べることで、籠城する者に揺さぶりをかける心理戦をとった。その上先に水の手を切っていたので、城兵は肉体的にも痛めつけられていたが、それでも信玄は城を取り囲んだまま、攻撃を加えなかった。

十日に至って正午ころ、武田軍は志賀城の外曲輪《そとくるわ》を焼き、深夜十二時ころから二時ころにかけて二の曲輪を落とした。翌日、城主笠原清繁父子、援軍として城に入っていた上野菅原(群馬県富岡市)の高田憲《たかだのり》頼《より》父子など、三百人を戦死させ、ついに志賀城が陥落し、信玄は佐久地方を支配下に置いた。

こうしてみると信玄の戦いは、単純な力攻めではないといえる。じっくりと時間をかけ、相手を油断させた上で一気に攻撃を加える。それで成功しそうもないと、水の手を切って周囲を固め、兵力を消耗させないで、相手の疲れを待つ。その間に援軍を破ると、討ち取った首を城兵に見せて籠城する敵の士気をくじく心理戦にとりかかる。時間をかけて相手が精神的にも体力的にも確実に弱まったとなると、いよいよ力攻めに移ったのである。

戦わずして勝つ

実際の戦争においてもっとも望ましいのは、味方にまったく損害を出さず敵に勝利することである。武田信玄が軍事の天才として評価されるのは、ほぼ勝つ戦いしかしなかった点にあろう。

信玄の戦いでは心理戦が重要だったが、これは当時一般的なことでもあった。

『二木家記《ふたつぎかき》』によれば天文十九年（実際は二十一年〈一五五二〉）九月に武田軍が中塔城《なかとうじょう》（松本市梓川梓《あずさがわあずさ》・安曇野市三郷小倉）を攻めた時、南の口については小笠原長時《おがさわらながとき》を裏切って武田に味方した三村十兵衛が大将になった。小笠原勢の大将である二木六郎右衛門は十兵衛に、「重代相伝の主君である長時公を敵にし、晴信（信玄）に忠節をして、我が主に弓を引けば、天命を逃れることができない。後の世のことを考えて見よ、末はよくないだろう」と呼びかけた。十兵衛は「もう世にいない長時に味方をして山籠もりをしても何の益があろうか、降参して在所に帰れ」と応答した。

東の尾根では二木善右衛門が黒い立派な馬に乗っていたが、飯富虎昌の手の者が「その馬はよい馬なので、売ってくれないか」というと、善右衛門は「売ろう」と答えた。武田方が「敵味方であっても商いはある、互いに一人ずつを出して受け渡しをしよう」と述べると、善右衛門は「いかにも売ろう、しかし拙者は金銀に望みがない、替わりの物を取ってならば売ろう」と応答した。武田方が「それは武具か、馬具か、太刀か、籠城だから兵糧か、何でも望み次第にしよう」というと、善右衛門は「そちらが言っているような物ではない、武田晴信の首と三村入道の首この二つをくれれば馬は安いものだ」と答えた。

武田方が「それは悪口だ」というと、「少しも悪口ではない、諏訪峠（長野県塩尻峠）の合戦は本来長時軍の勝ちであったのに、三村入道が裏切ったため負けた、この遺恨によって三村の首を馬の代物に取り、また晴信の首さえ取れれば在所に楽々と帰るので、二つの首をくれれば馬を売ろう」と応酬した。武田勢はこれに腹を立てて二木に矢を射かけ、それから戦さが始まった。

つまりこの時の戦いでは互いに悪口を言い合って、言葉による戦いがなされてから本格的な武力行使が始まったのである。言葉の持つ威力や呪術性によって、勝利を呼び込もうとする意識が存在したのであろう。また言葉によって相手の士気を弱め、逆に味方の士気を高めようという心理戦でもあった。言葉で相手にダメージを与えれば、武力を費やさずに勝つことも可能だった。もっともこの時は武田軍の方が言葉戦いでは負けた観がある。

天文十五年（一五四六）三月二十七日、信玄は信州の安国寺（長野県茅野市）に書状を送り、伊那郡が自分の思うままになったならば、福地《ふくち》の郷（長野県伊那市）を寄進するとして、内応を誘った（⑪三一九）。味方になれば寺領を寄進するぞと、利益を餌にして内応を求めたのである。敵に内応者を作れば、相手は一気に弱体化するので、このように所領安堵や土地の宛行《あてがい》などを誘い水にして、信玄は敵方をしばしば内応させた。

天文十九年（一五五〇）に信玄は戸石城（長野県上田市）を攻撃して手痛い敗戦を喫したが、翌天文二十年五月二十六日、この城を真田幸隆が乗っ取った（『高白斎記』）。戦争の模様はまったく伝わっていない。おそらく地元出身の幸隆は、地域の土豪たちに言い含め、ほとんど武力を使わないで城を奪ったのであろう。この成果がもたらされたのは、信玄に幸隆の能力を見いだし、思う存分に動かすだけの器量があったからである。能力のある者を見つけだして、下工作を十分にさせることも信玄の戦争手段だった。

つまり戦争は正攻法で武力をぶつけあうだけではなく、裏でどれだけ取り引きできるか、あるいは有能な家臣を見いだし、その人物にあった活躍の場をどれだけ与えるかも、勝敗の分かれ目になったのである。そのために戦国大名は敵との駆け引きや、人の能力を見る眼がなくてはならなかった。

自落

敵勢と正面衝突して敗れた結果ではなく、自ら戦争をやめ城を落とすことを自落《じらく》という。武田軍が攻撃すると自落した城が多いが、それは武田軍にとってもっとも効率的な戦争の方法といえた。

『高白斎記』によれば、天文十四年（一五四五）四月十七日、武田軍に攻められた高遠城（長野県上伊那市高遠町）の諏訪頼継が自落した。同年六月十四日に信府《しんぷ》（松本市）に住む小笠原長時の本城である林城（同）の近辺まで武田軍が火をかけると、熊野井（塩尻市）の城が自落した。その夜深夜零時ころ、武田軍は小笠原の館に放火した。おそらく武田軍は敵の中心になる城の近辺にまで放火することによって、武力を誇示して周囲の者たちの戦意を失わせ自落に追い込んだのであろう。

天文十九年七月に信玄は小笠原長時を攻め、十五日午後六時ころにイヌイの城（場所不明）を攻め取り勝ち鬨を執行し、午後八時ころに馬を村井（松本市）の城に納めたが、深夜零時に林の大城《おおじろ》、深志《ふかし》、岡田、桐原、山家《やまべ》（すべて松本市）の五ヵ所の城が自落し、島立《しまだち》と浅間《あさま》（同）が降参した。武田軍は天文二十二年八月四日、高鳥屋城《たかとやじょう》（上田市武石《たけし》）に籠もっていた人々をことごとく討ち取り、五日に塩田（上田市）に進むと近辺の城が自落した（『高白斎記』）。

このように、天文年中に信玄が信濃を攻撃すると多くの城が自落した。自落すれば相手から徹底的に攻撃されなくなり、城主の安全を保てたからである。一方武田勢にすれば、山城全体を取り巻いて攻め落とすことは容易でなく、力攻めにすれば多くの犠牲者が出る可能性が高いので、自落してくれれば有り難かった。ただしそれは小さな領主を攻撃する段階のことであって、戦国大名同士が戦ったり、統一政権が戦国大名を攻撃する時には状況が異なった。権力が大きくなり山城を囲んでの攻撃も可能になったし、いったん許した敵もいつ力を盛り返して攻撃を加えてくるかわからなかったので、たとえ自落したとしても城主の命の保障はしなかった。となれば、敵も死にものぐるいで死ぬまで戦うか、正式に降参するしかなかった。それが戦国時代末期の戦いだったのである。

無鉄砲な勝頼

永禄十二年（一五六九）十二月六日、武田軍は蒲原城（静岡市清水区蒲原城山）の城下に放火し、次いで総攻撃に移った。信玄が十日に徳秀斎《とくしゆうさい》に送った書状によれば、この時「例式四郎・左馬助聊爾故無紋《りようじゆえ》に城へ攻め上り候、まことに恐怖候の処、不思儀《ママ》に乗り崩し」（いつものように勝頼と信豊は分別が足りないのでむやみに城に攻め上がった、本当にどうなるかと恐怖であったが、不思議に敵城を攻め落とすことができた）、城主の北条氏信《ほうじょううじのぶ》兄弟などを討ち取ったという（山二九九）。信玄には彼らの行動が相当に印象深かったらしく、元亀二年（一五七一）正月三日に深沢城へあてた矢文の中でも、勝頼と信豊が自身で塀に乗り、半時もかけずに乗り崩し、北条氏信などを討ち取ったと記している（静二八六）。信玄も評しているように、勝頼は無鉄砲な性格だったようである。

天正二年（一五七四）五月、勝頼は遠江に馬を入れた。そして父の信玄でさえも陥落させることができなかった小笠原長忠の守る高天神城《たかてんじんじょう》（掛川市）の攻撃にかかった。五月二十八日に勝頼は某に、現在思うがままに高天神城を攻めており、本曲輪・二之曲輪・三之曲輪の塀際まで攻め寄せているので、十日もかからず落城させることができるだろうと連絡した（静七五九）。勝頼は六月十一日に信濃の大井高政《おおいたかまさ》へ書状を送り、高天神城の攻撃は去る十二日から諸口に取り詰め、昨日塔尾というたいそうな曲輪を乗っ取ったので、あとは本曲輪と二之曲輪が残るのみだから、三日の内に攻め破ることができるだろうと伝えた（静七六七）。『信長公記』によれば六月五日、織田信長のもとに勝頼が高天神城を取り巻いていると連絡が入ったので、十四日に小笠原の援軍として父子で岐阜を発ったが、十九日に今切《いまぎれ》の渡（静岡県湖西市新《あら》居《い》町）を渡ろうとしたところ落城の知らせが入ったという。

こうした諸点からすると、全体として勝頼は父と異なり力攻めをして、直接攻撃を加えるタイプの武将だったといえよう。しかも彼は長篠合戦に至るまで、常に勝利の味しか知らず、信玄も落とすことのできなかった高天神城さえ手に入れていた。彼が自らの力を過信したとしても不思議はない。

長篠合戦の実態

勝頼の戦いとしては、天正三年（一五七五）五月二十一日の長篠、設楽原《したらがはら》での戦闘における敗戦があまりにも有名である。この戦いは教科書などでも取り上げられ、織田・徳川の連合軍は鉄砲隊の威力で武田の騎馬部隊を破ったと記されている。このため一般に鉄砲がなければ、武田軍の方が優勢な感じを受け、兵の数も両者が対等もしくは武田軍が多いと思われがちである。しかしながら高柳光壽《たかやなぎみつとし》が織田軍一万二、三千、徳川軍四、五千の合計一万七、八千に対し、武田軍が六千と算出しているように、人数的には圧倒的に武田軍の方が少なかった。しかも地理を熟知している織田・徳川連合軍が祖国防衛の意識を持って戦ったのに対し、武田軍は信濃を経て遠征して疲れている上に、地理に疎《うと》かったのである。

一般的な説明によれば武田軍は騎馬隊だとされるが、この当時馬に乗るのは司令官クラスの者が中心で、戦闘で大きな役割を果たしたのは歩兵であって、武田軍でも騎馬隊が戦闘の主体をなしたわけではない。しかも馬は牛と異なって道端に生える草を食わせたのでは駄目で、飼い葉や豆などきちんとした飼料を与えなくては、力を発揮してくれない。仮に甲州から長篠まで馬に乗ってやってくるとしたら、乗り換えのための馬が必要であり、なおかつ飼料も運んでこなくてはならない。しかも当時の馬は体格が小さく、現在我々が想起する馬と比べるとはるかに小型である。こうした点からすれば、武田軍の軍事主体が騎馬隊であったことも怪しい。

織田軍の鉄砲が威力を発揮したとすれば、その音で馬が驚き立ち上がったり、また馬が傷つけられて、騎乗していた武将に指揮ができなくなり、武田軍が統制を失ったためだろう。そうなれば白兵戦になり、数の多い織田・徳川連合軍が圧倒的に有利になる。

しかも当時の武田家では、諏訪氏として高遠で独自の軍団を形成した勝頼が、その家臣団を率いて、甲斐の武田家を相続したという側面があって、信玄に仕えてきた家臣団と勝頼の家臣団との間に軋轢《あつれき》もあった。一枚岩でない武田軍はそれぞれが勝手な動きをしたのである。

勝頼はこれまで勝ち続けてきた戦争に対する自信と、直情的な性格のために、いったん攻撃を決めたら引き返すことができなくなっていた。信玄が得意とした心理作戦や情報戦も行わないまま、突撃した武田軍は敗れるべくして敗れたのである。

それでも戦闘は午前六時ころから午後二時ころまで続けられた。実に三倍の数の敵を相手に、しかも遮るもののない平地において鉄砲を前面において八時間も戦ったとは、それの方が驚異的ではなかろうか。

この戦いで武田軍は主力を失い、数千の戦死者を出したというが、それだけの戦いをさせた点に勝頼の能力を読みとれよう。

武田家の当主は甲斐の住民の一人として、甲州人の代表として戦う側面を持っていた。戦いでの勝利がそのまま甲斐の人々の支持を得ることになり、同時に戦国大名としての公的な意味を持った。逆に、負けたらすべてが終わりだった。戦さに勝ち続ける指揮官であるためには、人心を収攬《しゅうらん》し、軍事作戦を学び、しかも冷静に世の流れを分析する能力がなくてはならない。戦国大名は弱肉強食の実にハードな職業であった。

第三章　治める——公としての統治

1　当国静謐

飢饉の時代に

我々が政府・国家に求めるものは何であろうか。おそらく平和で円滑な日常生活であり、究極的には身の安全の保障であろう。国民にとって生命の安全を守ってくれない国家ならば、国家としての意義はない。戦国時代の人にとっても、領民の安全を守らない領主ならば、領主の意味を持たなかったであろう。

それなら戦国時代に人々はどのような生命の危機に直面していたのであろうか。『妙法寺記』をひもとくと、この時代どれほど自然災害に見舞われ、いかに多くの人が餓死していたかが、いやというほど記されている。そのほんの数例を挙げてみよう。

明応元年（一四九二）は、『妙法寺記』に甲州が乱国になり始めたと記されている年であるが、言葉にならないほどの大飢饉が襲い、六月二日には大雨が降って人の住むところが流された。『塩山向嶽禅庵小年代記』には、六月に甲斐国中に病が流行《はや》ったので、向嶽寺（山梨県甲州市）が山門で大施餓鬼《せがき》（飢餓に苦しんで災いをなす鬼衆や無縁の亡者の霊に飲食を施す法会）を行ったとある。この年に甲斐は、流行病、飢饉、洪水とたいへんな災害に見舞われていたのである。

永正十五年（一五一八）には天下飢饉で餓死する者が多かった（『高白斎記』、『塩山向嶽禅庵小年代記』）上に、七月十三日に大風が吹いて作物をことごとく損なった。永正十六年に信虎は躑躅ヶ崎《つつじさき》に館を移し新府中を築いたが、この年には一国二国でなくて日本全体が飢饉になり、諸国に餓死が及んだ。永正十七年八月十三日の夜から雨が降り始め、十七日まで降り続き、作毛はすべて駄目になった。甲府ができたころ、甲斐は飢饉と災害に襲われていたのである。

信玄が信虎を追放する前年の天文九年（一五四〇）五月・六月と大雨が降り世の中のさんざんだったところに、八月十一日の暮れに大風が吹き、午後十時ころまで六時間も吹き続けた。このため一般の家でたっているのは千に一つ、万に一つという状態で、鳥獣もみな死に、世間の大木は一本もなくなった。『塩山向嶽禅庵小年代記』にも八月十一日の午後八時ころより深夜零時ころまで大雨が降り大風が吹いて、向嶽寺では八本杉、門前門内の木がたくさん吹き折れ、僧堂諸寮舎がことごとく吹き倒されたとある。

天文十年（一五四一）春は餓死により人や馬が死ぬこと限りなく、百年の内にもないだろうと人々が話し合った。八月と九月にたびたび大風が吹いて世の中が完全に悪くなった。つまり、信玄が家督を継いだ前後も自然災害が襲い、甲斐には飢饉による餓死者が広く見られたのである。

このように戦国時代は自然異常が頻発し、作物に大きな被害を受け、飢饉が続いていた。したがって争乱は気候異常の中で頻発する自然災害のもと、食糧をいかにして得るかの方策でもあった。食糧を求め合う戦いゆえに、人々はいつ自分が戦乱の中に投げ出され、食糧の略奪をされるかわからなかった。また自分たちが他国に行って人狩りをしているのと反対に、他国から侵略してくる者に人狩りされ、奴隷として売られる可能性もあった。

公の側面を持つ戦国大名としては、領民にいかにして食糧を供給し、身の安全を守ってやるかが課題であった。

恩賞と褒美

戦争は戦国大名の私欲によって簡単に起こせるものではなかった。参加者からすれば、食糧を含めた利益分配の機会になる公的な行動ともいえた。そこで次に改めて、戦勝を通じての利益分配から、戦国大名の公的側面を確認してみよう。

戦争の前に士気を高めるため、信玄が約束手形を濫発《らんぱつ》したことについては既に触れた。武士たちは所領の獲得を目指して戦いに参加したので、その手形は戦争に勝利すれば実行に移されねばならなかった。また、実際に戦争において軍功を上げた者には、相応の宛行《あてがい》や恩賞がなされた。えこひいきなく、戦勝に尽くした者に対して利益分配をしなければ、以後における武士たちの士気は弱まり、戦争の継続がおぼつかなくなる。とするならば、恩賞の与え方も戦国大名の能力によって異なり、その公的なあり方が軍事力にも反映されることになったといえよう。

武士の軍功には所領が与えられたが、武士でない者の場合はどうであったろうか。

元亀二年（一五七一）二月十三日、信玄は多くの金山衆《かなやましゅう》に対して、駿河深沢城を攻撃した際に特別に奉公をしたからと、分国内で諸商いをするに際して馬一疋の分は通行税を納めなくてもよい、棟別銭など家ごとにかかる役を一間《いっけん》分免除する、これから以後彼らが抱えてきた田地には軍役衆と同じように検地役人を入れない、郷次《ごうなみ》の人足普請役を出さなくてもよい、の四つの内容の褒美を与えた。つまり、戦功によって本来彼らが負わなければならない諸役を免除されたのであり、これが彼らの利益だった。

これは金山衆に限らなかった。軍事的に重要な職人たちは参陣して軍功を上げることによって、それ相応の利益が得られたのである。

人狩り

戦争に参加した民衆は、略奪と人狩りによって利益を得ようとした。

『妙法寺記』によれば、天文五年（一五三六）に甲州勢は相模の青根郷（神奈川県相模原市緑区青根）に侵略し、「足弱《あしよわ》を百人ばかり」取った。足弱とは歩く力が弱い者、老人・婦人・子供などで、人狩りをして百人もの弱者を甲斐に連行したのである。

先に触れたように天文十六年（一五四七）八月十一日、武田軍は信濃国の志賀城（長野県佐久市）を攻め落とした。『妙法寺記』は落城してから武田軍が男女を生け捕りにして、「ことごとく甲州へ引っ越し申し候、去る程に二貫・三貫・五貫・十貫にても身類（親）ある人は承（請）け申し候」と記している。志賀城には武士だけでなく、身の安全を守るために周囲に住んでいた多くの男女が籠もっていたが、彼らは落城とともに武田軍によって人狩りの対象とされた。甲州に連行された者は、親戚のある者だけが身代金を払って身請けされたのである。

武田軍は天文十七年（一五四八）九月に信州佐久郡に出馬し、五千人ばかりの首を取り、「男女生け捕り数を知らず」という戦果をあげ、また天文二十一年八月十二日に小岩嶽城《こいわたけ》（長野県安曇野市穂高《ほたか》有明）を攻め落とした時にも、「打ち取る首五百余人、足弱取ること数を知れず」と人を狩った。生け捕りにされた足弱たちは、攻め入った武田軍にとって分取り品として認識されたのである。

安寿《あんじゆ》と厨子王《ずしおう》の物語として有名な説経節《せつきようぶし》の『さんせう太夫』に現れるように、中世は人身売買が当り前の時代で、人さらいが横行した。勾引《かどわかし》は主に奴婢《ぬひ》・下人《げにん》などの奴隷的労働力として使役あるいは売却する目的で人をさらうことであるが、中世を通じて広く行われただけにたびたび禁止令が出た。またこの時代には人をさらって大きな袋に入れて運び、売買をする大袋《おおぶくろ》と呼ばれる犯罪すらあった（保立道久「『大袋』の謎を解く」『中世の愛と従属』平凡社）。戦争で生け捕られた親類のない人々は、連れてきた人々によって直接牛馬のごとく使役されたか、あるいは奴隷としてよそに売られたのだろう。

こうした略奪や人狩りは本来やってはいけない行為であったが、武士身分でない者には容認されていた。その収入も彼らにとっては取り分であり、食糧を得る源にもなったのである。しかし、あまりにやりすぎると地域が領国の中に入った時に住民の信用を得ることができなくなり、逆にこれを完全に禁止すれば参陣した下人や百姓などの戦意がなくなる。この調整をはかることも、戦国大名にとって重要だった。

領民の安全

信虎段階では甲斐はたびたび他国から侵略されたが、信虎による国内統一とともに逆に他国を侵略するようになった。これは甲斐が戦乱のちまたから除かれたことを意味し、これだけでも甲斐の人々にとっては安全保障になる。また、侵略された側でも戦国大名権力によって安定的な支配がなされれば、戦乱から逃れて平和が得られた。

戦乱の前線において、戦国大名は安全を守るために禁制《きんぜい》（特定の行為を差し止める法規）を出した。たとえば、天文十六年（一五四七）閏七月二十五日に信玄が正安寺《しょうあんじ》（長野県佐久市中込）に出した「制札」には、軍勢や誰であっても、この寺で乱暴狼藉《らんぼうろうぜき》や竹木を伐ってはならない、もしこの旨に背く者は厳科に処するとある（⑪三四七）。

ともかく、このように自分の領国の民衆を戦乱から救ってやることが、戦国大名としての役割だったのである。

領国民を平和な状態におくために、戦国大名は神仏に祈らせることもした。天文二十三年八月十六日、武田信玄は諏訪上社神長（守矢頼真《もりやよりまさ》）にあてて書状を出し、勝利を祈ってもらったお陰でこの度の戦争で意が達せられたと礼を述べるとともに、「当国静謐《せいひつ》」を祈らせた（⑫三〇）。この当国が甲斐なのか信濃なのか判然としないが、少なくとも信玄がいる国が静かに治まるように神の加護を期待していたわけである。

永禄六年（一五六三）七月二十八日に信玄は開善寺《かいぜんじ》（長野県上田市）の旧領を返し、これまで以上に武田家が武運長久で、分国が静かに治まるならば、寺領を昔のように寄進すると約束した（⑫四五六）。ここでは武田領国全体が静かであるように求められている。

戦国大名はこのように神に分国の静謐を祈らせた。現代なら政治は神頼みではなく、政治家が寺社に治安の安定などを祈っていたら、そんな暇があったらしっかり政治を行えといわれかねないが、国の代表者として国を鎮めてくれる神仏に祈りを捧げることもまた、統治者として大事な行為だったのである。

国民の心を一つに

『妙法寺記』は永正十七年（一五二〇）の条で、「この年駿河勢数万人立ちて甲州で合戦これあり、駿河衆悉く切り負けて、福島一門皆々打《(討)》ち死に、甲州へ取るしるし数百騎」などと記している。筆者は一連の福島勢の乱入を、甲斐に対する駿河の戦いととらえていたのである。

天文十六年（一五四七）に武田信玄は信濃の攻略を進めたが、『妙法寺記』は「この年も信州、甲州取り合い止まず」と記し、戦いが信玄対村上義清、あるいは小笠原長時の戦いとは認識されておらずに、甲斐対信濃という国同士の戦いとして認識されていたことを示している。そのほかの場合でも、他国に出ていく軍勢は基本的に甲州の軍勢として記されている。

上杉謙信は弘治三年（一五五七）二月十六日に色部勝長《いろべかつなが》にあてた書状で、信州の味方中が信玄と戦って滅亡した上は越後国の備えが安全でなくなった、こうなったらひときわ戦争に連れてくる人数を多くしたり武具の調達に心がけて働いてほしいと述べた（新二—二〇四四）。川中島合戦は謙信のためでなくて越後のためだとの主張である。

戦国大名は戦いを自分のためではなく、国を単位とした地域のまとまりの代理戦争として理解していた。それゆえ川中島合戦も甲斐と越後の戦いとして人々に意識されたのである。

一　宮

領民に甲斐国民あるいは武田分国民としての意識を強めれば、武田家の軍事力も大きくなる。住民の帰属意識を強めることも戦国大名の政策になった。その際、戦国時代には神仏の持つ意味が大きかったので、神仏が積極的に利用された。中でも重要だったのは国の氏神ともいえる一宮《いちのみや》だった。

甲斐国の一宮は浅間《あさま》神社（笛吹市一宮町）である。浅間神社の祭礼で特に有名なのが川除《かわよけ》神事の「御幸《おみゆき》祭」で、毎年四月と十一月の亥の日に、一・二・三の宮の御輿が、四月には竜王（甲斐市）の三社神社、十一月には上石田（甲府市）の三社神社へ神幸する。これは甲斐国をこぞっての祭で、甲斐の住民の心を一つにする力を持つが、竜王の信玄堤の完成と結びついた伝承が残っており、祭に武田家が関与した可能性は高い。その場合、堤防を最終的に守ってくれるのは神なのだという意識が強くあったことも確認しておきたい。川除神事が一宮と関係づけられたことは、信玄にとって治水が国を守る意識に支えられていたことを示そう。

武田軍が他国に向かって戦争を仕掛けるとき、人々の心は身内の安全や利益分配、それに高校野球の甲子園大会における同県意識、戦争の際のナショナリズムの高揚と同じような感覚が混じり合って、甲斐国の住民の心は一つになった。その一体感が戦争に際して勝利をもたらしたのである。

武田家は侵略した先でも、国を単位として領国中に人民の心をまとめ上げていかねばならなかった。信濃は武田家と上杉家とで分断した形になったため、国民を一つにまとめることが重要だったが、核にされたのが信濃一宮の諏訪社であった。

永禄三年（一五六〇）二月二日、信玄は諏訪上社造宮を先規に任せて信濃国中に催促させた（⑫二八三）。一宮を通して信濃国を均一に支配しようとする意図の表れで、諏訪社造営の旧例を前面に出して信濃全体に号令をかけたのである。

信玄は永禄五年（一五六二）十月二日に東条郷（長野市）と寺尾郷（同）に諏訪上社の頭役を命じ、御頭銭の儀は甲州の法度《はっと》の如くであるとした（⑫四二八）。この地は前年に有名な川中島合戦が行われたばかりで、まだ武田家の支配が浸透していなかったにもかかわらず、一宮の祭礼を理由にして郷村に号令をかけた。信玄によって永禄九年九月三日、上社宝殿を作るように命じられたのが大村郷（松本市）など二十三郷であったこと（⑫六四一）に明らかなように、諏訪社の祭礼や造営を負担したのは信濃一国の人々で、それは国民の権利であり義務だったが、それを甲州の法度としても命じたのである。

武田家による一宮に対する保護策は、上野でもとられた。

信玄は年未詳の九月二十八日に上野一宮貫前《ぬきさき》神社（群馬県富岡市）の遷宮について、上野国が錯乱《さくらん》し実行しないままに久しく星霜を重ねたが、神忠のために自分が修理を加えると申し出た（群二三〇五）。これに対応するように、永禄十年（一五六七）十月五日、武田家は貫前社造り替えのため、一宮神主に信濃国の更科《さらしな》・埴科《はにしな》・佐久《さく》・小県《ちいさがた》の四郡で一軒から五合ずつの勧進《かんじん》（寄付を集める）を許可した（群二三九九）。勝頼の代になった天正二年（一五七四）八月十四日、武田家は上州一宮神主に、一宮造り替えのため先例のように吾妻谷を除く西上州で一軒に五合ずつの勧進を許した（群二七八二）。

信玄も勝頼も国ごとの精神的な中心となる一宮を保護したが、これによって特に侵略先の民衆の心をまとめ上げ、自らがその国にとって公の位置にいることを示した。一宮の保護により武田家は侵略者ではなく、公の権力だと主張できることになり、侵略先の人々を戦わせる大義名分も立った。またそれぞれの神社には保護者として、国家安穏《あんのん》と武田家の武運長久を祈らせることができた。

2　信玄堤の謎――安全と治水

記録がない！

戦国大名が災害が起きたときに被害を少なくするように努めることは、領民の安全保障につながる。そうした例として必ず引き合いに出されるのが信玄堤《しんげんづつみ》で、これによって甲州の人々は水害から免れ、安定的な農業生産ができるようになったとされる。そこで次に武田家の治水について触れ、領国統治上の安全と食糧確保の一端について述べよう。

大きな被害をもたらす自然災害に水害があるが、甲斐の場合、高い山に囲まれているだけに、大雨が降ると周囲の山の水が一気に甲府盆地めがけて流れ、被害が大きかった。治水は直接、水田や農耕地の安定的利用にもつながり、ひいては食糧増産と結びつく。

信玄が治水を行った代表的な場所は、南アルプスから御勅使川《みだいがわ》の流れが東に向かって直進し、信濃と甲斐の国境から水を集めて南に下ってくる釜無川《かまなしがわ》と合流するあたりである。御勅使川の圧力によって釜無川も東に流れ、甲府盆地が水害に襲われたために、信玄は御勅使川の流れを上流での石積出し、中流での将棋頭《しょうぎがしら》（上流側に向けて将棋の駒の頭のようにとがった堤防で、流れを分ける施設）、下流での十六石（巨大な石を並べて水を当てさせ、水勢を弱める）などによって制御し、合流地点より上流の高岩《たかいわ》に当てて南流させ、

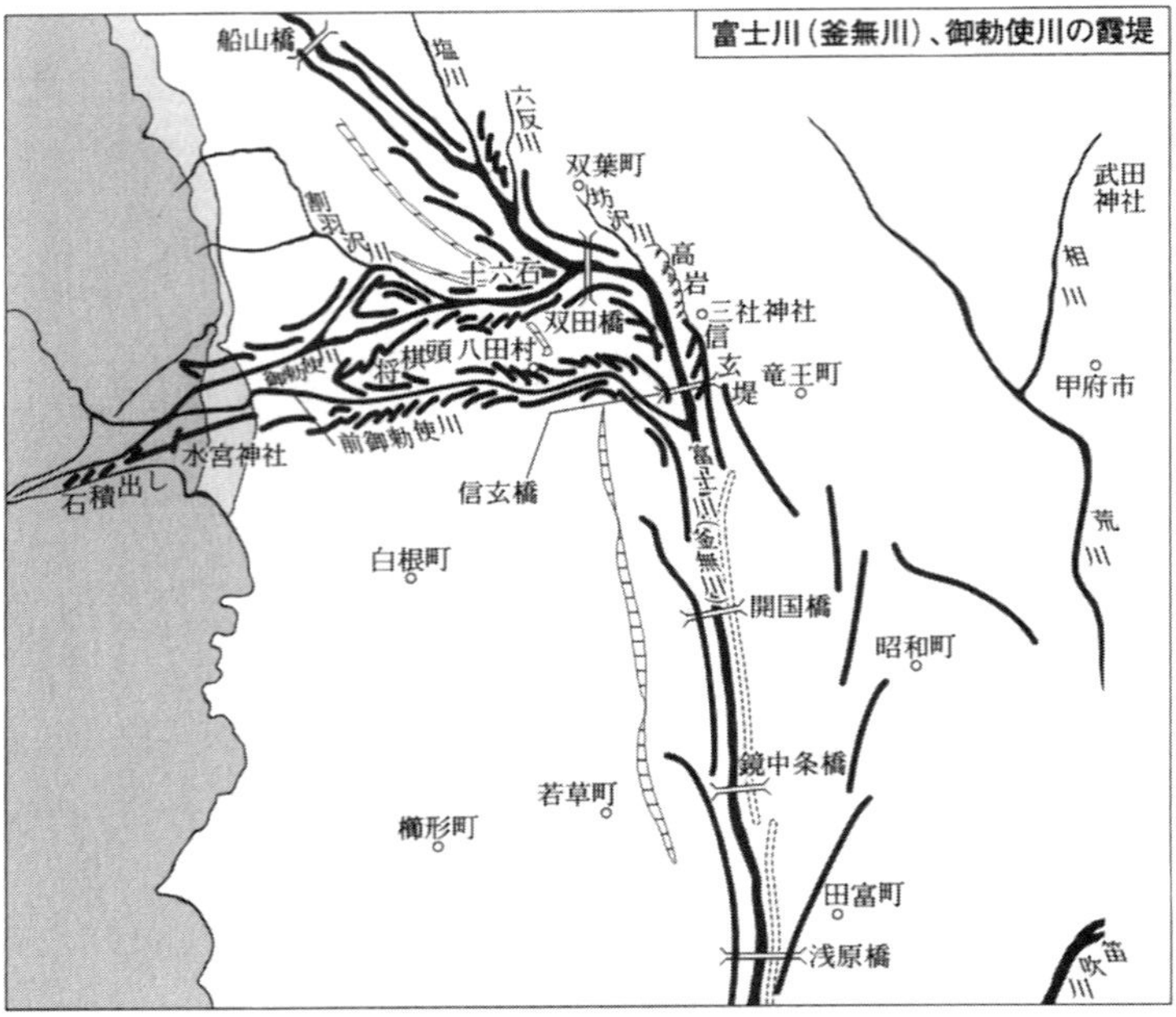

富士川（釜無川）、御勅使川の霞堤

下流の甲府側の竜王《りゅうおう》（甲斐市竜王）などに信玄堤が築かれたとされる。

工事は天文十年（一五四一）と翌年の洪水に対処するもので、天文十一年から弘治三年（一五五七）までの長きにわたったとされるが（土木学会編『明治以前日本土木史』岩波書店、なかざわ・しんきち『甲斐武田氏』中巻・甲斐史学会）、天文十年、十一年の水害は当時の史料で確認することができない。通説のように大規模な工事ならば、相当数の人足動員が必要であるが、それを伝える古文書は皆無である。当時の甲斐については『妙法寺記』や『高白斎記』といった記録が存在していながら、これらの記録に信玄堤の関係記事が全く記されていない。

信玄堤の意義が甲府盆地に向かっていた釜無川を南流させた点にあるとするならば、

最大の土木工事は高岩に当てた流水を一気に南流させる河道掘りである。この河道が全く新たな工事の成果によるのならば、河道となる場所はそれまで農耕地などに利用されていたはずなので、所有者から土地を取り上げ、その上で開鑿《かいさく》しなくてはならない。その合計面積は莫大で、多くの所有者が存在したはずだが、百姓や領主から土地を無償で取り上げることは、戦国大名といえども不可能であろう。また替え地を渡すとすると、その候補は旧河道で信玄堤によって新たに耕地になる地が考えられるが、その伝承すらない。当時の土地所有のあり方や土木技術からして、河道になる土地を取り上げ、掘削することはなしえなかっただろう。

当時の信玄には、新規に釜無川の河道を掘ったり、大きな石を配置する技術や、大きな河道を掘るほど多くの人足を徴発するだけの権力はなかった。現在に伝わる将棋頭も現地を見る限りでは、石の配置なども決して大規模でなく、水勢の強い流れを分流するための施設とは思えない。せいぜい上流から流れてくる水を分流させ、その下に設けられた水田などを保護する機能を果たすに過ぎず、扇状地における輪中《わじゅう》堤防といえる。

それでも堤が存在し、信玄堤の名前からして、信玄時代に治水が行われた可能性は高い。信玄時代に信玄堤の工事が可能であったのは、高岩に当たる御勅使川の流路が存在し、なおかつ現在の釜無川の流路もすでに存在していたからであろう。つまり、信玄の治水はすでにあった流路の整備であり、堤防も過去に築かれていたものをつなぎ整備した程度で、全く新たな築堤ではなく、大規模な人足動員もなされなかったと推察する。

実態としての治水

史料から見ると、信玄の治水はどのようなものだったのだろうか。

永禄三年（一五六〇）八月二日、信玄は竜王の川除《かわよけ》（堤防）に家を作って居住する者に、棟別役のいっさいを免除とした（山一二七二）。これにより永禄三年に現在信玄堤として有名な堤防が存在した確認ができるが、これではいつ誰がこの堤防を造ったか判明しない。

信玄は永禄六年（一五六三）七月六日、八幡《やはた》（甲斐市西八幡）など十六郷と大垈《おおぬた》村（甲斐市大垈）など九村へ、郷中の人足をもってこの度の水を引かせるように命じた（山一二七三、山一二七七）。水害を受けることの多い郷は地形的にまとまっており、日頃から互いにつながりを有し、命令が出なくても住民が生活を維持するために対処していた。信玄がもし水害を受けた地域以外の住民を動員して治水を行うのなら、領域全体に対する水害援助策・抜本的対処として評価できるが、これでは本来的に地元民が行ってきた治水慣行の上に権力として網を掛けただけで、郷村の自治を確認したにすぎない。

武田家は元亀三年（一五七二）三月二十六日に牛句《うしく》郷（甲斐市牛句）など六郷に、破損した上条《かみじょう》の堰《せき》を郷中で談合して再興させた（山一〇）。命令を受けたのはこの堰に直接関わる郷村で、堰の維持や用水分配などで日頃から共同体をなしていた。破損した堰を放置したのでは水田耕作などができないから、地域としていやでも自ら堰の再興をする。ここでも堰を維持する地域の慣行と、その技術を武田家が確認して命令したのである。

勝頼は天正二年（一五七四）正月十一日に山神郷《やまのかみ》（中央市山之神）に、今年から天正四年までの普請役を免除するので、相当の堤防を作るようにと命じた（山一三三八）。郷にかかる郷次《ごうなみ》の普請役を堤防構築に当てたので、これは実質的に効力を持つ治水といえよう。

信玄による治水は甲斐国だけで行われたわけではなかった。

永禄十二年（一五六九）六月二十一日、信玄は小河（長野県下伊那郡喬木《たかぎ》村）・牛牧（下伊那郡高森《たかもり》町）の両郷が水害にあったので、急いで郷中の人足を集めて、川除の普請をするようにと両郷に命じた（⑬三一九）。信玄の治水は信濃でも行われたのである。

元亀三年二月二十三日、信玄は駿河国藤枝《ふじえだ》堤（静岡県藤枝市）修築のために郷民の普請役を免除した（静三九四）。勝頼は、天正七年（一五七九）五月十一日に藤枝の堤普請のため、付近の郷中の普請役を免除し（静一一九九）、天正七年十月二十七日に信濃佐久郡の依田信蕃《よだのぶしげ》に、孕石和泉守《はらみいしいずみのかみ》の私領である駿河藤枝鬼岩寺分の堤の普請を命じた（⑭四五九、静一二四四）。信玄と勝頼は駿河においても治水策を講じたのである。

勝頼は年未詳六月二十九日に竜王の堤防より水下の郷へ、竜王の堤防が水害で流れたと聞いたので、水下の御家人や御印判衆《ごいんばんしゅう》（土豪で武田家の郷村支配の末端に位置づけられた者）は早速《さつそく》出ていって人夫を催促し、堤防を築くようにと命令した（山一二七六）。御家人・印判衆といった軍役衆までが普請を分担しており、武田家による広域な治水策として注目に値する。しかしながら、この場合も水下の郷と、直接被害を受けた場所、もしくは被害を被りそうな地域に住んでいる者に限定しており、被害者による治水という原則を踏み外してはいない。

残存する治水関係の古文書は永禄三年からであって、信玄の治水が行われたとされる天文十一年（一五四二）からは約二十年も経ている。一方でこれだけの文書が残っていることは、たとえ永禄三年以前であっても、大規模な工事が行われたのなら史料が残る可能性を示す。通常いわれる信玄堤築堤に関する文書や資料の欠如は、実際には大規模な治水が行われていなかったことを示していよう。信玄の治水は実態より大きなものとして喧伝《けんでん》されすぎたのである。

伝統の上に立つ

『一蓮寺過去帳』には、大永八年（一五二八）五月二日に亡くなった人をはじめとして、特に慶長期（一五九六〜一六一五）に多くの「川除《かわよけ》」を職業とする人が見られる。この川除は堤防を築く人、すなわち治水の専門家と考えられる。信玄堤が築かれる以前から、職人としての築堤者が存在したのである。

こうした職人は戦国大名によって用意されたのではなく、すでに民衆レベルで需要があったからこそ専門職になっていたと考えられる。水害の多い甲州では、信玄が政権を握る以前から専門職人としての川除が成立するほど、連年引き起こされる水害への対処がなされていた。当然、治水の技術も戦国大名とは関係なく、民間で蓄積されていたはずである。

『高白斎記』によれば、天文十五年（一五四六）八月三日に高白斎は、飯富《いいとみ》（南巨摩郡身延町）の川除普請十貫文の分として三間五尺を受け取った。十貫文の分という記載から、高白斎の所領の貫高を前提として、軍役と同様の基準によって信玄から堤防の修築が命じられたものだろう。高白斎は戦争に従軍するのと同様の義務として分担したのであり、信玄の治水として高く評価しなくてはならない。しかし、こうした治水をいちいち信玄の配下の技術者が指導していたとは想定しがたく、ここでも治水の背後に在地の技術者が存在した可能性が高い。

以上から、信玄堤によって初めて堤防が築かれたのではなく、すでに堤防も、それを築く技術者も存在していたといえる。信玄の治水はそうした伝統の上に立って、それを大規模にしたり、コーディネイトした点にこそ意義を求められるべきである。そして信玄堤も天文十一年（一五四二）から弘治三年（一五五七）までと限られた時期だけに築かれたのではなく、それ以前にもそれ以後にも営々として築かれ、改修され続けていたのである。

広域治水体制の恩恵

治水は川が流れる流域全体を見通さなくては効果が期待できない。自分の所領、もしくは自分たちが生活する場所だけ治水をしても、上流で堤防が決壊すれば被害を受ける。武田家が水下の御家人と印判衆に動員をかけているのもこのためで、信玄堤の意義はたとえ信玄の直轄地でなくとも、流域全体にわたる治水の号令をかけたところにある。

郷次の普請役は武田家が領国全体にかけ、地域領主の枠組みを越えて普請の人足動員をした。したがって郷次の普請役そのものが広域の普請を可能にする人足動員法であった。一方で村々には多くの軍役衆がいたが、彼らには軍役として動員をかけた。

戦国大名が成立する以前、地域の小さな領主では自分の領地内の治水しかなしえず、工事をしたとしても有効性が少なかった。戦国時代以前にも甲斐の川には堤防が築かれたが、それは流域全体を見通したものではなく、効果も大きくなかった。信玄による広域治水体制の確立によって、大規模な工事が可能になり、甲府は水害から免れる率が高くなった。洪水による農作物の被害も減るので、百姓たちは水害を気にせずに農業が行え、生産が増加した。これは領国民の食糧増産とも直結する。そうなれば百姓からの年貢などによって生きている武士も収入が増え、安定した生活を送れるので、信玄も軍役をかけやすくなったのである。

治水は信玄に経済的・軍事的な利益をもたらすとともに、民衆にも信玄を公の権力として認識させることになった。この政策は甲州のみならず信濃や駿河でも実施され、信玄の領国支配の特質を示している。領民の安全につながったからこそ、信玄の治水について現代でも多くの伝説が語り継がれ、実態以上の評価がされてきたのである。

3　甲州法度之次第――戦国大名も縛る法

すべての人が従う法

戦国大名の行った事績として必ず教科書に記されるのが、領国支配の基本法である分国法《ぶんこくほう》（家法）の制定である。この法はややもすれば戦国大名が私的に決定した、大名権力の大きさを示すものとして理解されがちである。けれども分国法は中世法の集大成としての意味を持ち、近世の法につながっていくので、歴史全体の中に位置づけられなければならない。信玄が制定した「甲州法度之次第《こうしゅうはっとのしだい》」は分国法としてあまりに有名である。この法は信玄や勝頼にとってどのような意味と役割を持っていたのだろうか。

古い形式を伝える二十六箇条本の「甲州法度之次第」は制定が天文十六年（一五四七）六月朔日《ついたち》の日付になっている。広く知られる五十七箇条本でも、五十五箇条を天文十六年六月に定め、追加の二箇条は天文二十三年五月に定められたとする。おそらく二十六箇条本に天文二十三年までの間に追加があって五十五箇条になったものだろう。『高白斎記』によれば、天文十六年五月晦日に「甲州新法度之次第書」が書き納められ、信玄のもとに進上された。これに信玄が手を加え翌日発布されたのが、現在に伝わる甲州法度であろう。甲州法度は信玄が独自に作ったのではなく、家臣によって当時の慣習法として存在していた法がまとめられ、それを信玄が承認し、手を加えた上で発布されたのである。

表題が「甲州法度之次第」となっているのは、これが甲州という国の法であり、国民の慣習法を前提にしていることを示している。そして、この法の特徴は甲州のすべての人が服すべきであって、鎌倉幕府の基本法典である「御成敗式目《ごせいばいしきもく》」のように、身分によっては縛られなくても良いものではなかった点にある。

天文十六年に制定された二十六箇条の最後の条目には、「晴信行儀《ぎょうぎ》、その外の法度以下において、旨趣《ししゅ》相違のこと有らば、貴賤を撰ばず目安をもって申すべし。時宜《じぎ》によりその覚悟を成すべし」（晴信の行いや、ここに発布した以外の法度などについて、もしこの法の内容に相違していることがあったならば、身分の尊卑関係なしに箇条書きにした訴状で申し出るようにせよ、その時の状態によって道理に従うようにする）と記されている（『中世法制史料集』第三巻・岩波書店）。ここに明らかなように、信玄は甲州法度の上に超然としていたのではなく、彼自身この法に拘束されていたのである。

信玄は法の束縛から離れ、領国の中で超然としていた感じを受けやすいが、実はこのように地域の法の下におり、それを遵守する先兵であることを示して、公としての役割を負ったのである。

「甲州法度之次第」が国に存在した慣習法を前提とし、甲斐の住民である信玄もそれに縛られたが、慣習法は国法としてしばしば姿を現す。永禄九年（一五六六）十一月四日以前に、信濃の住人宮下新左衛門は藤四郎と質地である川野郷（長野県下伊那郡豊丘村《とよおか》）内の藤四郎名田について争論した。争いは武田家のもとに持ち込まれ、曽根虎長《そねとらなが》と原昌胤が裁判したが、その裁許基準は「国法」に背いたか否かであった（⑬五二）。ここに見える国法は、信濃の慣習法としての国法であろう。

天正八年（一五八〇）十二月二十一日、武田家は三井右近丞に、彼が従来抱えてきた名田にたとえ増分があったとしても、「御国法」に任せてその増分を免除するとした（山一一三三〇）。元亀二年（一五七一）二月二十三日に金山衆にあてた印判状に、以後、軍役衆のごとく検使を停めると出てくるように、軍役衆に対しては検地を実施しないという慣習法があり（勝俣鎮夫『戦国法成立史論』東京大学出版会）、それが国法と認識されていたのである。

ちなみに国の下には郡が存在し、郡を単位とする法も存在したようで、天文二十四年（一五五五）五月十七日に信玄は向嶽寺（山梨県甲州市）へ、田原（山梨県都留市）と四日市場（同）を改めて寄進するので、「都留郡法」に任せて弁償するようにと命じた（山三六八）。

いずれにしろ「甲州法度之次第」に記されていない国法も存在し、そうした法も戦国大名を縛っていたのである。

甲州法度の特質

「甲州法度之次第」の第一条では、地頭人が勝手気ままに犯罪人の占有物だからといって田畠などを没収してはならない。もし犯罪人が晴信（信玄）の被官であるなら、地頭は干渉してはならず、田畠は晴信が命令して他の者に与えるなどとしている。地域の領主である地頭（国人）の下にいる武士たちと武田家との関係が冒頭に掲げられている点に、信玄の家臣団統制の意図が読みとれる。

　全体として内容で注目されるのは、大永六年（一五二六）に今川氏親によって制定された「今川《いまがわ》仮《か》名《な》目《もく》録《ろく》」の強い影響である。これは隣国という条件と、当時同盟関係を結んでいたからだろう。戦国家法の特色とされる喧嘩《けんか》両成敗《りょうせいばい》（今川＝八条、甲州＝十二条）、宗論の禁止（今川＝二十八条、甲州＝十八条）、他国との婚姻禁止（今川＝三十条、甲州＝四条）など、二十六箇条本では実に十二箇条にその影響が見られる。

　ただし両者を比較すると天文十六年（一五四七）に制定された甲州法度の方が、「今川仮名目録」より二十一年も後にできたのにもかかわらず、家臣ならびにその所領に対する統制が弱くなっている。また最後には信玄の施政について法度以下に相違するようなことがあったら、貴賤を選ばずに申し出るようにとの最後の条項と共に、彼の置かれた状況が示されている。これは武田領国の家臣たちの自立性が強く、信玄の力が弱かったためで、家督を継いだときからの家臣たちの束縛から離れられなかったのである。

　その後追加された部分に甲州法度の特徴が見られる。その一つは既に触れた、三十二条から三十七条に至る郷村単位の棟別銭徴収である。ここには村の自治を前提にしながら、自己の財政的基盤である棟別銭の徴収に対する強い姿勢が見られる。

　三十八条から五十一条までには貸借関係のことが記されている。当時の社会で問題になっていた貸借に関わる争いを処理しようとするもので、当時の社会が色濃く出ている。

喧嘩両成敗

「甲州法度之次第」中で有名な内容として、喧嘩両成敗がある。

具体的には、天文十六年（一五四七）六月朔日に定められたうちの第十七条の、「喧嘩の事、是非《ぜひ》に及ばず、成敗を加うべし、ただし取りかかるといえども、堪忍せしむるの輩においては、罪科に処すべからず、しかるに贔屓偏頗《ひいきへんぱ》（えこひいき）をもって合力せしむる族《やから》は、理非を論ぜず、同罪たるべし」との記載である。つまり喧嘩についてはどちらが道理にかなっているかを論ぜず、両方を処罰するというのである。

喧嘩両成敗の先駆をなしたのは駿河の今川家で、大永六年（一五二六）四月十四日に定めた「今川仮名目録」に、「喧嘩に及ぶ輩、是非を論ぜず、両方ともに死罪に行うべき也」とある。甲州法度はこの法理をさらに前進させた。喧嘩両成敗は自力救済の復讐《ふくしゅう》権を取り上げることを意味するので、信玄は喧嘩する者の間に立って公平に理非を判断する必要に迫られる。同時に信玄自体が当時の慣習法に縛られ、遵守しなくてはならないことは、そのまま公正な裁判を実施して領国民の信頼を得ることにつながる。

末代までのこと――裁判の記憶

寛永三年（一六二六）十月吉日、信濃国筑摩郡小池村（長野県松本市）の草間三右衛門尉は、当時諏訪頼水《すわよりみず》が領していた同郡内田（松本市・塩尻市）と、小池の両村などがかかわった水論・境論などについて子細を書き記した（『信濃史料』補遺巻下）。その文書は信憑性が高い上に、極めて興味ぶかい内容が記されている。

それによれば、最初に起きた争論は、北内田・小池・白川（松本市南東部）の水問答だった。関係者が論争について永禄四年（一五六一）に甲斐国へ行き様子を申し上げたところ、信玄は配下の二十人衆（徒士《かち》・若党のこと）のうちから検使《けんし》（事実を検視するために派遣された使者）を派遣した。彼らに深志《ふかし》の城（現在の松本城）に在城していた島田民部丞をも加えて現地へ行き、牛伏川《うしぶせがわ》の水を分ける地点で判定を下した。それは銘板を二枚もたせ、まず一枚に同じ大きさの穴を二つ開け、取水口の上の口に伏せ、残りの一枚にも同じように二つの同じ大きさの穴を開け、これを下の口に伏せて、小池側の水の半分、すなわち全体の四分の一の水を白川へ通すものであった。

裁判結果は水全体を四つに分けて、四分の二は北内田、四分の一は小池、四分の一は白川へと分配したのである。この時に水を分けた場所へは、北内田からは百瀬志摩と平右衛門尉、白川から惣三右衛門・与左衛門尉・市右衛門・善兵衛、小池からは清右衛門・清左衛門尉・掃部助《かもんのすけ》、それに草間三右衛門尉の父親が出て立ち会った。記録を書いた三右衛門尉は当時まだ八歳だったが、「このようなことは末代までのことだから参ろう」と親が言ったので参加し、よく覚えていて書き記したという。

武田家の裁判は確実で、実地検分のために甲斐の二十人衆の中から人が送られ、裁定をする者が現地に派遣された。加えて、松本平を支配する拠点である深志城にいた島田民部丞も現地へ行った。裁定者は両方の意見や慣行を聞いた上で、先に述べたような水分配をしたのであろう。

注目されるのは、信濃の用水争論までを武田家が扱い、現地に検視を派遣していることである。現地の郷も実力で戦うのではなく、裁定者としての武田家の存在を知っており、公権力としての武田家に判定を依頼し、その決定に従っている。

信玄はこのように松本平にまで及ぶ裁判を司っていた。見方を変えると、地域住民にとって信玄は、それまでの実力で水争論をしなければならない自力救済《じりききゆうさい》の状態から、理非によってきちんと裁判をしてくれる、新たな権力者として意識されていたことになる。

埋められた炭——村境と入り会い争論

三石衛門尉が書き記した続いての争論は、内田と小池の境にかかわる。

事件は天正四年（一五七六）十月二十四日に起きた。小池では屋敷の北西の方向にある榎の大木の根に、七年に一度ずつ境の注連縄《しめなわ》を立てていたが、内田側が小池の側の北の三つ石へと境を前進させてきた。これについて小池郷では代官が郷中の年寄りたちを糾明した時に、前々の様子を事細かに申し上げた。その年には裁判中であるからと田畑に天札《てんさつ》（点札、領主が紛争に際して、農地を作っている人が勝手に耕地に立ち入ったり、作物を刈り取ったりすることを禁止するために立てる立て札）をおろされて、せっかく自分たちが作った作物を収穫することができなくなった。

判定を求められた武田家からは、水上宗富《みずかみそうふ》（『甲陽軍鑑』には水上宗浮が深志の留守居として出てくる）・土屋加賀・早川豊前・土橋藤兵衛・高島（諏訪市）在城衆の河西連久が現地に派遣され、検分のために小池にも出かけた。彼らが現地を視察して判定した結果、原の境を越して屋敷の角から東に二十間あまりのところに境を立てた。その上、梨の木の根、また東は榎の根に炭を埋めて、境の証拠とした。

地域にとって最も大事な境界争論に武田家が介入して、役人が現地に行ってしっかりした裁定を下したのである。その上、境目には証拠として炭が埋められた。炭は決して腐ることがないので、再び境の争論が起きるような時にはこれを掘り出せば、境の場所が明確になる。実に合理的ではないか。

再び起きた争論

天正八年（一五八〇）四月二十九日に内田と小池との間で、再び争論が起きた。小池の者たちが前々から入っていた内田山で草木を刈ろうとしたところ、内田の領主が制止した。小池方は内田の百瀬志摩を通じて、内田の領主である桃井《もものい》将監《しょうげん》へ、「これまで小池の人たちも山へ入って草を刈っていたのだから、入れた方がいい」と口添えしてもらったが、将監は「去年から武田勝頼公に対して加増を申し入れているけれども、知行が下されないのでこのようにしたのだ」と聞き入れなかった。

そこで小池の者たちは七月二十七日に甲斐へ行き、勝頼に訴えようとしたが、折から越後で上杉謙信《うえすぎけんしん》が亡くなって、北条氏康《ほうじょううじやす》の子で謙信の養子となっていた景虎《かげとら》と、長尾政景《ながおまさかげ》の子で叔父謙信の養子となっていた景勝《かげかつ》の間で跡目相続の争い（御館《おたて》の乱）が起き、武田勢が加勢のために出馬してしまったので、やむなく帰郷した。

実際に御館の乱が起きたのは天正六年（一五七八）から翌年にかけてで、内田山の争論が天正八年に起きたとすると二年の差があって、年代的に合わない。この点は疑問が残るが、以下に見るように話は具体的であり、内容からしてもこのころにこうした事件があったことは疑いない。

小池衆は十月七日に再度甲斐国に出かけて行って、様子を述べたところ、武田家の役所ではもう一方の当事者である内田衆をも呼び寄せて、二十六日に桜井右衛門尉・今井新左衛門（信衡《のぶひら》、『甲陽軍鑑』に御旗本武者奉行の二人の内と出る）が奉行となって、御料理の間で決破《けっぱ》（対決・審理）をした。当日は判定を下さず、翌日、再び今井新左衛門と安西平左衛門尉（『甲陽軍鑑』に御鑓奉行三人の一人として出る）が奉行となって御弓の間で決破した。しかし、桃井将監は信玄の弟である信繁《のぶしげ》の子の武田信豊《のぶとよ》の姪婿にあたり、武田家の家臣の中でも有力者だったので、この訴訟自体を否定する旨を奉行衆に申し入れたため、下知が出ないままに月末になってしまい、小池の人たちは郷里に帰ってきた。

翌天正九年（一五八一）正月十一日、小池の住民たちは改めて甲府へ行って、奉行衆に申し出た。するとどういうわけかまたしても奉行をかえられ、工藤堅随斎《くどうけんずいさい》（源左衛門のことか）と原隼人助（佑）（貞胤《さだたね》か）が奉行になり、馬屋の北の三軒目で再び決破がなされ、早速披露《ひろう》に及んだ。けれども、双方の主張がかなづち論（金槌で釘を打つように、何度も同じことを繰り返して言い争うこと。水かけ論）だと判断され、実地検分が決まった。検使として田辺佐渡を派遣することになり、二月九日、直ちに信濃に旅立った。彼は土屋加賀・土橋源之丞・関口喜兵衛の案内で山々道々を調査し、双方の主張を聞いて帰った。土屋加賀は天正四年の争論に現地調査のため小池に行った人物なので、土橋源之丞もその時に来た土橋藤兵衛の関係者であろう。

二月九日に小池の人々はまたしても甲斐に行き、奉行衆へ判決を下してくれるように求めた。すると、奉行衆は田辺佐渡を召し寄せて尋ねたが、判決は出なかった。

押しかけ訴訟

その後も小池の人たちは食い下がった。結局、勝頼が三月十五日に志摩《しま》の湯（甲府市湯村《ゆむら》温泉）へ湯治に行った際、権現の舞屋で双方を呼び出して様子を聞くことになった。おそらく小池の人々は勝頼の湯治先まで行って判決を求め、勝頼が応じざるを得なくなったのであろう。さらに田辺佐渡から、「山道・田畑の様子を検分したところによると、小池の人々の主張の方が正しいようである」と細かく報告がなされたこともあって、勝頼は小池の住民に、「郷に帰って内田山で草木を刈ってもよい」との判決を示した。しかしながら、そのためには「御岳で神慮《しんりょ》（神のみ心）を伺ってから帰るように」とつけ加えた。これは誓いの鐘である御岳金櫻神社の鐘をついて神に誓えということである。

そこで加賀美《かがみ》の大坊（加賀美山法善寺《ほうぜんじ》の住職、南アルプス市にあり、武田家の篤《あつ》い信仰を受けた）が奉行衆の両人にいろいろととりなしをして、「小池の者たちは信濃での神慮を希望しているので、御岳でなく小野社（長野県塩尻市）で神慮をさせてほしい」と求めた。奉行衆がこれに応じて、「勝頼公の下知はないけれども、小野で神慮をするように」と命じたので、小池衆は帰ってきた。そして小野社で、「山のことについては熊井の境沢を境界にして、従来この中では一谷一沢残らず刈ってきました」と文書にも書き載せて、神慮を行った。この際、訴訟相手の内田からは久右衛門・弥右衛門尉・善兵衛、訴訟を行った小池からは次郎右衛門・次郎兵衛・三右衛門が参加した。

おちおち湯治もできない

ともかく、勝頼も大変である。たまの休みだと温泉に入ってゆったりしていたら、信州の百姓たちがやって来て、山の争論の裁決をしろと求めたのである。現在で言うなら、知事のところに約束も取りつけないで突然訪ねて行って、直接要求を突きつけるようなものである。仮に我々がそんなことをしても、おそらく知事には会ってもらえないだろうが、勝頼は応じた。その上即座に裁判をすることにして、しっかりした根拠に基づいて判決を行い、有力者である自分の親戚を負けにして、百姓の言い分を通した。

現在では政治の中枢にいる者ほど犯罪を犯しても検挙率が低いように感じられる。また、政治が極めて個人的な縁故関係に左右されているように思われる。それに比べると、勝頼はいかにも公に身を置いている。

我々は戦国大名と聞くと、何となく絶大な力を持ち、百姓に対しても強圧的な態度で応じるように思いがちであるが、これまで見てきた事例からして、それはまちがいだといえる。勝頼は百姓の上に立って領国統治をしているのであって、すべての上から強権を発動できるのではなく、年貢を出す百姓たちや社会の正義に縛られていた。

戦国大名といえども百姓の意志を無視して、自分勝手に、公としての立場を捨てて行動することはできなかったのである。

4　円滑な流通

関所の廃止

戦国大名の領国統治で注目されるのは、物資流通の円滑化に対する努力である。どんな時代であっても物資の流通は存在するが、戦国時代にはそれが大きく進展した。だからこそ貫高制も可能だったのである。物資を円滑に流通させるためには、交通上の障害を取り除き、流通の仲介をなす貨幣や度量衡《どりょうこう》に対する信頼を作り上げていくことが重要で、それが戦国大名の公たる役割の一端にもなった。

「今川仮名目録」には、駿河と遠江の両国で津料《つりょう》（海岸や川岸の港・市場・関所において徴収した通行税）、また遠江で荷物を運ぶ際にとる駄別銭《だべつせん》（陸上商品運搬税）などは停止する、もしこれに違犯する者は罪科に処するとあり、水陸の商品運搬税が停止されたことが示されている。

このように、戦国時代に交通の障害となる税は基本的に撤廃される方向に向かっており、関税施設である関所も廃止された。武田家の場合には具体的な状況が不明であるが、関銭が収入に組み入れられていたことからして、全面的な撤廃はなかったようである。

けれども、関所を廃止する方向に向かっていたことは、弘治三年（一五五七）に信玄が娘の安産を祈って船津《ふなつ》（山梨県南都留郡富士河口湖町）の関所を廃したことや（山一六一一）、年未詳の四月十五日に信玄が自分が立願のために閉鎖した河口（富士河口湖町）と船津の関所を再び開いた者を糾明するとしている（安藤謹四郎家文書）ことで明らかになる。川口の関所も船津の関所も、信玄のもとで廃止されたのである。

度量衡の統一

現代の我々は枡《ます》といえば一定の量を示すのが当たり前で、一升は同じ量を意味すると考える。しかしながら、中世には同じ一升といっても、地域により大きな差があった。このため枡の大きさを互いに確認してからでないと、取り引きができなかった。

信濃では武田領国に組み入れられてもまだ旧来の枡が使われていた。すなわち、永禄九年（一五六六）十一月二日付の諏訪上社「御頭役請執帳《おとうやくうけとりちょう》」によれば、諏訪では国枡、諏訪枡、飯の椀が枡として用いられていた（⑬四九）。また翌年の「御頭役請執帳」によれば四升枡も存在した（⑬七八）。国枡、諏訪枡、飯の椀は元亀三年（一五七二）にも使われていた（⑬五三九）。永禄十三年信濃佐久地方では「国俵」があった（⑬三八九）。

このように信濃では実に多くの種類の枡が用いられ、それ以外にも容積表示がなされていたのである。こうした中で戦国大名は枡の統一に尽力した。すでに肥後の相良長毎《さがらながつね》が年未詳で制定した「相良氏法度」は、売り買いに際して市場での売買価格は、四升で一斗となる一斗枡によること、その年豊年かどうかによって、枡の数に多少はあるだろうが、この枡の他は用いてはいけないとした。相良氏のもとで枡の統一が進んでいたのである。

この動きは武田家でも見られる。武田家のもとで甲州枡を作っていたのは小倉家《ここぃ》であった。同家に伝わる職人関係の文書としてもっとも古いものは、天正四年（一五七六）二月十六日付で、武田家が細工の奉公に対して宿次《しゆくなみ》の普請役を免除した内容である（山七二）。この月には武田家より仮名《けみょう》（実名の他に仮につけた名）の書き出しが与えられている（山七三）。したがって、小倉家が職人の家として武田家に掌握されていたことが知られる。一般にこの家で作った枡は甲州枡、あるいは信玄枡とよばれ、甲斐一国を通用範囲としたが、近世の通用状態や遺品からして武田家の権力伸張にともない、信濃の諏訪・伊那・佐久地方まで通用した可能性が高い。

甲州では籾斗《もみと》桶とよばれる桶も量をはかる道具として使われたが、それを作っていたのは勝村清兵衛家であった。武田家は天正九年七月二十三日に甲斐国中の桶結《おけゆい》（桶屋）の大工職《だいくしき》を小長井宗兵衛尉と勝村清兵衛尉に与えているので（山七五）、計量に使われた桶もこの時期までには作られていた。

江戸時代に東国三十三ヵ国の秤《はかり》を製造したのは守随《しゆずい》家であったが、同家は武田家のもとで秤を作っていた。系図によると守随家は甲州出身であったが駿河に行き、その後甲府に帰り、武田家から国役を免除されて甲州一国の秤を作るようになった。この家に伝わる文書で最古のものは、天正二年（一五七四）閏十一月二十四日に守随他へ細工の奉公によって町役を免除した武田家の印判状である。

このように史料から見ると、甲州枡も、籾斗桶も勝頼時代の文書しか残っていない。おそらく信玄の時代に度量衡統一の方向が打ち出され、勝頼時代にその動きが進展したことを文書の残りかたは示していよう。

銭の流れ

流通の基盤となるものに貨幣がある。

当時の貨幣は基本的に中国からの輸入品であったが、中国や日本で作られた粗悪な私鋳銭《しちゆうせん》や、破銭（割銭）・欠銭《かけせん》などの破損した銭貨が流通して、流通を妨げていた。『妙法寺記』でも永正九年（一五一二）の条に、去年より売買が行われていない、銭を撰《え》っているので米は八十文、小麦は七十文で売っているとある。永正十年にも銭を撰ることが限りなく、売買は安くて買う人はまれだったと記されているので、甲州でも撰銭《えりぜに》が盛んに行われていたことが知られる。

撰銭は『妙法寺記』に永正十一年（一五一四）、十二年、十三年、十六年にも記されている。また大永五年（一五二五）には売買はよかったけれども銭に詰まり、享禄二年（一五二九）には銭飢渇《けかち》という状態になった。銭飢渇は天文二年（一五三三）、三年、十一年、十六年、二十三年、弘治二年（一五五六）にも起きた。天文二十四年には南京《なんきん》という悪銭が流通したため、銭を撰ることが限りなかった。こうした状況に戦国大名権力も貨幣の流通に介在せざるを得なくなった。

明応二年（一四九三）四月二十二日に相良為続《さがらためつぐ》が制定した「相良氏法度」では、悪銭で土地を買う際には、字大鳥《じおおとり》（悪銭の種類）十貫文は良銭四貫文の値とし、黒銭十貫文は五貫文とするようにと定められた。

こうした社会の流れに沿って、信玄も撰銭に関与した。五十五箇条本の甲州法度の第四十二条に、「悪銭の事、市中に立て置くの外は、これを撰ぶべからず」（悪銭については、市中でこれが悪銭だと示してあるもの以外を、悪銭として選んではならない）とあり、悪銭として決められたもの以外で撰銭をしてはならないとしたのである。

甲州金

戦国時代は基本的に一種類の銭のみであり、いわば五十円玉（穴あき銭）だけしかなかった社会といえる。五十円玉だけで一千万円の買い物をすると、銭を運ぶだけでも一仕事になる。こうした中で信用取引ともいえる為替《かわせ》なども発達してきた。

物資流通量が大きくなるにしたがって、高額の商品取引に金や銀が用いられた。その中でも特に有名なのは甲州で産出した甲州金であるが、これは甲斐の金山から戦国時代に大量に金がとれたことと連動する。

江戸時代に甲州金といえば地域独特の金貨で、それを鋳造していたのは甲府の金座の松木家であった。同家の系譜ははっきりしないが、甲斐には信虎の御蔵前衆《おくらまえしゅう》として住むようになったと伝えられる。松木次郎三郎は永禄十年（一五六七）に没した善明の遺領を継承し、西郡中条村（南アルプス市）に居住して、永禄十二年十月二十六日に信玄から善明後家の遺領安堵を受けた（山二五一）。信玄はこのころまでに松木家と結びついていたのである。武田家は天正五年（一五七七）二月三十日に、松木家に棟別銭と郷次の普請役を免除した（山二五二）。武田家が職人を支配する場合、棟別銭や郷次の普請役免除をするので、永禄年中までに松木家は職人身分になっていたのであろう。

江戸時代の甲州金はしっかりした名目貨幣《めいもく》（実用的価値とは関係なく表示してある貨幣単位で通用する貨幣、現在のお金と同じ形態の貨幣）であるが、信玄・勝頼時代の甲州金は名目貨幣になっていたのか、それとも金の品質を保証するような印が捺されているだけで、秤量《しょうりょう》貨幣（重量をはかってその交換価値を算出して用いる貨幣）だったのか、その実態は判然としていない。社会的な流れからすると、名目貨幣の方向に向かっていたであろう。

近世の甲州金でも金座の家の判が捺されていて、領主の判は捺されていなかったので、戦国時代も価値の保証が武田家によってなされたとは考えがたい。けれども武田家が戦国大名としてその流通を促進したことは疑いなく、それが戦国大名としての流通における公的側面を示すのである。

第四章　家　族——心の絆

1　家門の維持——当主の結婚

武田家と窪八幡宮

戦国時代の人々にとって神仏の持つ意味は大きく、戦争すらも神仏が参加して戦ってくれてこそ勝てると考えた。こうした社会的雰囲気の中で一族を守護してくれる氏神は、戦国大名にとっても精神的な支柱だった。

中世には藤原氏の春日社、諏訪氏の諏訪社など氏神に相当する神社が、氏人に危険が迫ったときには鳴動をして知らせてくれるとの意識が広く存在した（笹本正治『鳴動する中世—怪音と地鳴りの日本史—』読みなおす日本史、吉川弘文館）。

寛政六年（一七九四）に巡見使《じゅんけんし》（江戸時代に将軍の代替わりごとに各地に派遣された政情・民情視察使）が通行した際にまとめた『甲州巡見通行記』によれば、康平《こうへい》五年（一〇六二）九月に新羅《しんら》三郎義光《よしみつ》が祈願して植えたとされる窪八幡宮《くぼはちまんぐう》（現・窪八幡神社、山梨市）本殿の後ろにある神木の八本杉は、天正九年（一五八一）に社地が鳴動して北の一本が根より倒れたという。この理由が寛政六年ころには、天正十年三月に武田家が滅亡した後の四月、当時窪八幡が領していた三千石余の社領を織田信長が奪取する前触れだった、と言い伝えられていた（『甲斐叢書』第二巻）。

由緒によれば窪八幡宮は甲斐国惣鎮守ともされ、欽明《きんめい》天皇二十年（五五九）に物部尾輿《もののべのおこし》に勅命があり、河内国志紀《しき》郡にある誉田別尊《ほむたわけのみこと》の廟《びょう》（霊屋）の石を祀《まつ》ったのがはじめだとされる。その後、康平五年に甲斐源氏の祖である新羅三郎義光が、奥州の夷族退治の祈誓をこめて康平六年八月に社を再建したという（『甲斐国社記・寺記』第一巻・山梨県立図書館）。

伝承では鳴動を武田家が滅亡して社領が取り上げられる前触れだとしているが、由緒や武田家との深い結びつきからして、本来は武田家の滅亡の方に重きを置いて鳴動したのであろう。そこで、武田家にとっての氏神として強く意識されていたのは窪八幡宮だったと考える。

窪八幡宮の鳥居は天文四年（一五三五）に信虎が再建したといわれ、様式もこの時代に合致する日本最古のものである。

また信虎は天文五年に摂社《せっしゃ》の若宮八幡宮拝殿を修造させてもいる（神社本紀）。先に記したように、信玄も戦勝などを祈願して修築や寄進などをしている。

ところが勝頼になると、そうした動きがほとんど見られない。これは勝頼が諏訪氏の出で、諏訪社に対する特別な思いがあったことと、新府築城などを通し武田八幡宮（山梨県韮崎市）の方に氏神としての意識を傾斜させていったためではないだろうか。

一族意識と菩提所

弘治三年（一五五七）十二月二十八日に信玄と嫡男の義信は塩山東陽軒の淵才茂庵主に七貫文の寺領を寄進し、「現来二世の福報、ならびに武運長久、子孫繁栄のため」暁と夕べの読経をさせた（山四〇六）。寺社に祈れば現世や来世で福を受け、武運長久となり、子孫が繁栄することにつながると考えていたのである。ここには家として永続し、繁栄したいとする意識が見て取れる。

追筆で永禄三年（一五六〇）とある七月十二日、信玄が高野山の成慶院《じょうけいいん》に送った寄進状では、武田家は逸見冠者義清《へみかじゃよしきよ》以来、菩提《ぼだい》（死後の冥福）の円満を祈願し成慶院に寄宿しているので、甲斐国に住む武田の武門ならびに貴賤の人々とも、ことごとく成慶院を宿坊とすると述べている（成慶院文書）。武田家にとって高野山成慶院が一族の菩提所であったことが明らかで、現在も高野山には信玄の墓がもうけられている。

先祖と子孫が血でつながっており、先祖が自分を守ってくれているのだとの意識は中世に強くあった。それは個人の存在より一族や家の存在が重視され、自分もまた子孫の繁栄に寄与して行かねばならないとする義務感になった。その意識を裏から支えていたのが氏神であり、先祖の霊が見守っていてくれるとの安心感だった。

御旗・楯無――家の重宝

戦国大名には家、一族という意識が強くあったが、これを日常的に支えるように、当主には家に代々伝わった家宝が譲られることになっていた。

『甲陽軍鑑』によれば、信虎は信玄が十四歳で元服する時に武田家重代の郷義弘《ごうのよしひろ》（一二九九～一三二五）

の太刀、左文字源慶《さもんじげんけい》（一二七七～一三五六）の脇差、二十七代までの御旗《みはた》・楯無《たてなし》を渡すと約束したという。武田氏の重宝として有名なのは、ここに姿を見せている新羅三郎以来といわれる御旗と楯無の鎧《よろい》である。

御旗は日の丸の旗で、源 頼義《みなもとのよりよし》が天喜《てんぎ》四年（一〇五六）に後冷泉《ごれいぜい》天皇から下賜され、その後三男の新羅三郎義光から武田家に代々受け継がれてきたとされる。一般には現在塩山市の霊峰寺に伝わっているものがそれにあたるとされるが、否定的見解も存在する。

一方、楯無の鎧（小桜韋威鎧兜《こざくらがわおどしよろいかぶと》、大袖付《おおそでつき》）は現在甲州市の菅田天神社が所蔵しており、昭和二十七年（一九五二）に国宝に指定された。この鎧は天正十年（一五八二）三月、武田家最後の日、勝頼の家臣により田野《たの》（甲州市大和《やまと》町）の戦場（通称天目山《てんもくざん》）を逃れて塩山の向嶽寺の庭に埋められたものを、徳川家康が甲斐に入ってから発見して、菅田天神社に戻したとの伝承がある。ただしこれは近世に補修を受けており、原形と異なる。

『甲陽軍鑑』によれば、当主が御旗・楯無に誓文するとその内容は改変できなかった。先祖伝来の重宝ということで、それ自体が神格化され、先祖に誓うという意味を込められたのであろう。ちなみに、『甲陽軍鑑』によれば、信玄の代には御旗・楯無の別当として山下伊勢守が任じられていた。管理する人が設けられるほど武田家にとって御旗・楯無は特別なものだったのである。

西の御座

信虎・信玄・勝頼も家族を持ち、家族とともに過ごす日常もあった。家族を構成するには結婚の役割が大きい。戦国大名はどのような過程を経て結婚をしていたのだろうか。残念ながら、三代の当主の結婚式など具体的状況を伝える史料は残っていない。わずかに信玄によって廃嫡された義信と今川義元の娘との結婚状況だけが再現できるので、それを確認しよう。

天文二十年（一五五一）八月二十三日、義信のために西の御座の建設が始まった（『高白斎記』）ので、このころ両人の結婚話が出ていたのであろう。当時最大の戦国大名といえる今川義元の娘を嫡男に迎えるにあたり、信玄は新居を用意させたのである。

天文二十一年（一五五二）二月一日、武田家より駿府（静岡市）へ使者が遣わされ、二日に義元へ婚約の披露をした。義元は三日に使者から誓句の案文（下書き）を受け取り、翌日飛脚をもって正式な書類を甲府に進上した。四月一日に信玄から義元にあてた誓句を一宮出羽守に渡したので、翌日義元の使僧と思われる定林院《じょうりんいん》が、義元側の書類を当時信玄を出陣していた坂木《さかき》（長野県埴科郡坂城町）へ届けた。八月に、十一月には必ず娘を甲府へ輿入《こしい》れさせるとの義元からの書状を一宮出羽守が受け取り、駿府から甲府に帰った。有力戦国大名家の結婚だけに信玄と義元の間で慎重に協議がなされ、誓詞が取り交わされたのである。

甲駿相和す

天文二十一年六月二十一日、義信の対屋《たいのや》（寝殿に対してその左右や後方につくる別棟の建物）の棟上げがなされた（『高白斎記』）。いよいよ新居の完成である。

十一月十九日、今川家からやってくる義信夫人の御輿を迎えるために、甲斐の者たちが駿河へ行った。二十二日にご新造（新婦）が駿府を出、興津《おきつ》（静岡市清水区）に泊まって、二十三日に内房《うつぶさ》（静岡県富士市）、二十四日南部《なんぶ》（南巨摩郡南部町）、二十五日下山《しもやま》（南巨摩郡身延町《みのぶ》）、二十六日西郡《にしごおり》と進み、二十七日の午後八時ころに府中の穴山氏の宿舎に着いた。一方、義信は二十七日の午後二時ころに御屋移りをし、その夜の午前一時半ころにご新造のもとへ移った。義信は新婦がやってくると、その夜直接彼女のもとに行ったのである。

二十八日に今川家臣の三浦氏が信玄に出仕し、二十九日には今川家の高井氏と三浦氏へ武田家より礼の言上をした。十二月一日には能が催され、麵が振る舞われた。五日には高井氏が信玄に呼び出されたが、翌日三浦氏は駿府に帰り、十四日には高井氏も駿府に戻った。この間、今川家臣と信玄の対面がなされ、十二月一日に能が催されたのが儀式といえるくらいで、我々が想起するような華やかな結婚式や祝宴は催されていない。

『妙法寺記』によれば、この結婚を「甲州一家国人」が喜んで勇むことは言いようもないくらいだった。義信と今川義元の娘との結婚は国と国の結びつきとして理解され、武田一族のみならず、広く甲州の人々から歓迎されたのである。

武田家から夫人になる人を迎えに行った人数は、熨斗付《のしつけ》（打ち刀の鞘や鐔の柄などに、金銀類を薄く伸ばした板を張り付けたもの）の腰刀をつけた八百五十僕、義元から彼女を送りに来た人数は五十僕であった。彼女は輿《こし》十二挺、長持二十棹《さお》、女房衆の乗る鞍馬百疋の人数で甲斐にやってきた。このため「両国の喜び大慶は後代に有る間敷候」というほどで、両方の国でこの結婚が祝われた。結婚で最も重要なのは、華やかに着飾った者たちの行列を見せつけ、両家の力を誇示することだった。

天文二十二年（一五五三）五月十一日に信玄が戦陣から甲府に帰ると、ご新造（今川夫人）から小樽二つと肴両種が遣わされた（『高白斎記』）。彼女は次第に武田家にとけ込んでいったのだろう。

『甲陽軍鑑』によると永禄十年（一五六七）十月に義信が自害すると、信玄は彼女が姪に当たり、しかも嫁に取ったのだから甲府にいるようにと勧めたが、今川氏真《うじざね》から迎えが来て駿府へ呼んだので、十一月の初めに駿河に送り返したという。

この結婚は信玄と今川義元の思惑によるものであり、本人たちの意志でなされたものではなかった。そして信玄の跡を継ぐべき人の結婚、今川と武田を結びつける結婚として、あれほど盛大に祝われたにもかかわらず、最終的には不幸な結末を迎えたのである。

大井夫人——豪族の娘

それでは武田家三代の当主はどのような相手と結婚をし、やってきた女性はどのような待遇を受けたのであろうか。

信虎の正室である大井夫人は、甲斐西郡《にしごおり》の豪族大井信達《おおいのぶさと》の娘として明応六年（一四九七）十一月十七日に生まれた。永正《えいしょう》十二年（一五一五）ころに信虎と戦った信達は、後に成立した和議をきっかけに娘を信虎に嫁がせたのである。この結婚には人質を送ることによって、両家の間を結びつけるとの意味もあった。信虎にとっても夫人にとっても親の決めた結婚で、いわゆる恋愛感情から結ばれたのではない。なお、結婚式の具体的な様子などはまったく伝わっていない。

大井夫人は信虎との間に信玄、信繁《のぶしげ》、信廉《のぶかど》、今川義元夫人などを産んだが、天文十年（一五四一）に信虎が駿河に追放された時には夫に従わず、除髪して躑躅ヶ崎館の北曲輪に住み「御北様」と呼ばれた。

年未詳三月二十日に板垣信泰《いたがきのぶやす》は、塩山向嶽庵の抜隊得勝《ばっすいとくしょう》に「御北様」が田一反を蠟燭免《ろうそくめん》（寺で使う明かり用の蠟燭代）として寄進したことを伝えている（山三五九）。この御北様は大井夫人の可能性が高く、彼女は独自に所領を持っていたようである。また、年未詳で武田家が大善寺《だいぜんじ》（甲州市勝沼町《かつぬま》）にあてた奉加帳には、最初に太刀一腰と馬一疋を晴信が寄進した後に、御北様（武田信虎室）が銭百疋、「御前様」（晴信室）百疋と続き、その後に信繁、信廉、信是（いずれも信玄の弟）がそれぞれ太刀一腰を寄進している（山六三〇）。この順序は彼女たちの武田家中の位置を示し、寄進は彼女たちが独自に財産を持っていたことを示す。

『妙法寺記』によれば享禄三年（一五三〇）に信虎は、扇谷上杉朝興《おうぎがやつうえすぎともおき》が策略によって奪い取って甲斐に送ってきた上杉憲房《のりふさ》の「上様《かみさま》」を側室にした。戦利品として女性が大きな意味を持っていたのである。この他に信虎は、たびたび信虎に反抗した峡北の今井氏（浦氏）の娘を側室としたが、彼女は大永三年（一五二三）に出家し、天正三年（一五七五）に亡くなった。さらに、内藤氏の女性、工藤氏の女性、楠浦氏の女性、松尾氏の女性（信虎の叔父である松尾信賢の娘）を側室にした。彼女たちはいずれも甲斐の国人の娘であった。国人の娘を側室にすることで、彼らを手なずけ、裏切らせないようにしたのであろう。

公家の娘

『妙法寺記』によれば、天文二年（一五三三）に信玄は川越城《かわごえ》（埼玉県川越市）の上杉朝興の娘を娶った。彼女は一年たって懐妊したが、天文三年十一月に亡くなった。この結婚は、当時関東に目を向けていた信虎の主導によってなされた。

信玄の正室は左大臣三条公頼《さんじょうきんより》の娘の三条氏で、具体的状況はまったく伝わっていないが天文五年（一五三六）ころに結婚し、二人の間には嫡男の義信をはじめ、竜宝《りゅうほう》、信之《のぶゆき》（夭折）、北条氏政夫人などが生まれた。ちなみに彼女の姉は堺を本拠に畿内を掌握した細川晴元《ほそかわはるもと》の妻、妹は本願寺顕如《けんによ》の妻だったので、信玄の中央政界工作や大規模な軍事行動を起こす折に、彼女の血縁関係が大きな武器になった。

年未詳の十一月二十三日、武田家家臣の土屋昌恒《つちやまさつね》は跡部勝忠《あとべかつただ》に書状を送り、「御大方様《おかたさま》」の御意があるからと、向嶽寺に新寄進をすることを伝えた（山三五五）。この大方様は三条夫人と推察され、彼女も独自に所領を持っていたことが知られる。元亀二年（一五七一）七月二十一日、武田家は丹後守に三条殿への昵懇《じっこん》奉公を理由に家一間分、宿次の普請役を免除した（山二）。また天正元年（一五七三）九月三日に島上条（山梨県甲斐市）の小田切縫殿允《おたぎりぬいどののじょう》などに「御裏様」に昼夜の奉公をしているからと、郷次の普請役を免除した（山一一、山六八）。この御裏様は三条夫人を指すと考えられている（『甲斐国志』）。

『甲陽軍鑑』には信玄時代における家臣団が記されているが、その中には御料人《ごりようにん》様衆として五味新右衛門など三十騎がいる。また御同朋衆《どうぼうしゅう》（唐物《からもの》の鑑定や管理、芸能、茶事、雑役を勤めた僧体の者）三十人については、御前様衆、後に御料人様へ付けられると出ている。彼女は独自に軍団すら持っていたのである。

天文九年（一五四〇）十一月、信虎の娘の禰々《ねね》が諏訪頼重《すわよりしげ》に嫁ぐと、十二月九日に頼重は甲州へ婿入りし、十七日には信虎が諏訪に出かけた（『神使御頭之日記』）。「小笠原系図」「二木家記」などによれば、この折に頼重は先妻との間に生まれた息女を人質として甲府へ出した。結局頼重は信玄に殺され、息女は敵の信玄の側室となって勝頼を生んだ。彼女はその数奇な運命ゆえに注目を浴び、井上靖の『風林火山』では由布《ゆう》姫、新田次郎の『武田信玄』では湖衣《こい》姫と名付けられ、小説の中で重要な位置を占めている。

『高白斎記』によれば、天文十一年（一五四二）十二月十五日夜、信濃の豪族である禰津元直《ねづもとなお》の娘が御前様としてやって来て、祝言をした。

信玄の子供の仁科盛信《にしなもりのぶ》と葛山信貞《かつらやまのぶさだ》などは、油川信恵《あぶらかわのぶよし》（あるいは油川信貞とも）の娘を母として生まれている。この他に、信虎の弟勝沼信友《かつぬまのぶとも》の娘も側室にした。

このように信玄の場合、京都の公家の娘を正室とし、諏訪家の娘や信濃の豪族の娘、甲斐国内の有力国人の娘などを側室とした。その背景には結婚によって政治的な立場をよくしていこうとする意図が明らかに存在する。

隣国大名の娘――勝頼の結婚相手

『甲陽軍鑑』によれば、永禄八年（一五六五）九月九日に織田信長から甲府に使者が送られ、桶狭間の合戦で勝利したので今年中には美濃も自分の支配になるであろう、そうなれば信玄の領国にある木曽郡と接するので、在々の往来がしやすいように伊那の勝頼公に娘をめあわせたいと申し出た。彼女は美濃国苗木氏の娘で、信長が幼少のころから養ってきた姪であった。縁組みは成立し、十一月十三日に信長の養女が高遠（長野県伊那市高遠町）に輿入れした（『織田家雑録』）。彼女は信勝《のぶかつ》を勝頼との間にもうけたが、産後病死した。

勝頼は天正三年（一五七五）に長篠合戦で敗れると、隣国の北条氏政の妹を娶って北条と同盟を結び、自らの立場をよくした。彼女は勝頼が死に至るまで同道した。

天正八年（一五八〇）十一月十日に武田家は円音《えんいん》という人物に、西の御館において特別奉公したからと棟別役を免除した（山五四四五）。西の御館とは躑躅ヶ館の西曲輪のことだろう。この曲輪は義信のために建てられたが、後には夫人の居所になったとも、あるいは人質曲輪として使われたともいわれる。ここに勝頼の夫人が住んでいたと推察される。

現代とは意味が違う

こうした事例で明らかなように、当時の結婚は家のために当主である父親が選んだ相手と結婚するのが普通だった。また家督を継いで当主になると有力者の娘を側室にした。婚姻は政治的にいかにして自分の家が優位に立つかを前提になされたのである。

領国統一がしっかりなされていない段階では、信虎が大井夫人と結婚したように、同じ国の有力国人の娘がその候補にされた。それが信虎が当主だった時期に信玄に京都の公家《くげ》の娘がめあわされたり、そのほかにも地域の有力者の娘が側室とされたように、大名権力の拡大とともに結婚対象者の居住域が広がり、相手方の家柄も上がった。

信玄が当主になった段階では嫡男の義信に今川義元の娘、四男の勝頼に織田信長の娘というように、強力な戦国大名の娘と結婚させた。婚姻は戦国大名が生き延びていく手段として大きな意味を持ったのである。

もう一つ注意したいのは、信虎が享禄三年（一五三〇）に上杉朝興が奪い取って送ってきた敵である上杉憲房の夫人を側室にしたり、信玄が長年敵対して誘殺した諏訪頼重の娘を側室にしたことである。天文十六年（一五四七）に信濃の志賀城を攻め滅ぼした時、信玄が捕獲した城主の妻を小山田信有に与えたことなどをも考えあわせると、敵の当主のもっとも大事な人である妻や娘が戦利品として想定され、それを自分のものにすることが特別な意味を持ったのであろう。

敵の男子を生き延びさせたらいつ反抗されるかわからないが、女性の場合には反抗の旗印に担《かつ》ぎ出しにくい。一方この当時、地域を統治する由緒を持つ血筋の概念が存在した。敵方の女性に子供を産ませれば、子供は敵が領した地域を支配すべき家の血を引くとして、統治の正当性の切り札にされたのである。その代表が勝頼で、敵方の諏訪氏の娘と信玄の間に生まれたからこそ諏訪を名乗ることができ、諏訪氏と縁の深い高遠の城主になって、その後も諏訪に強い影響力を持ち続けたのである。

戦国時代の女性として織田信長の妹、お市の方が有名で、多くの大名が彼女を争った。おそらく女性による血のつながり意識が、お市の方をめぐる争奪戦の根底にあったものであろう。

つまり、戦国大名にとっての結婚は、現代の我々が想定する個人を基盤とする恋愛とはまったく異質なものだったといえる。子供たちは家を維持していく持ち駒として親に利用された。戦国大名は子供の数が多ければ多いほど持ち駒が多くなるので、多くの側室が求められたのである。

2　子供たちの行方

相模に嫁ぐ――大デモンストレーション

当主の結婚が政治的意図に満ちたものであったように、彼らの子供たちも親の意図によって政治の手段にされて嫁がされたり、他家を継いだりさせられた。嫁いだ状況がはっきりわかる例はほとんどないが、信玄の娘と北条氏政の結婚状況が伝わっている。

天文二十三年（一五五四）九月二十六日、信玄は大日方主税助《おびなたちからのすけ》に送った書状で「小田原祝言の儀申し合わせ候」（神六九六七）と述べている。このころまでに信玄の娘と北条氏康の子息氏政との縁組みが決まったのであろう。ちなみに、この結婚は今川義元の娘が武田義信のもとへ、北条氏康の娘が義元嫡男氏真《うじざね》へ嫁ぐ、三方間の婚姻でいわゆる三国同盟の一環だった。

十二月になると、いよいよ信玄は息女を相模の氏政に嫁がせることにした。そこで彼女について小田原に行く甲州の一家国人は、さまざまに自身を飾り立てた。彼らが身につけた刀は熨斗付、あるいは梅花皮《かいらぎ》（東南アジア原産の鮫《さめ》の皮で包んだ鞘の刀）、さらにはかた熨斗付であった。また用いた鞍は金覆輪《きんぷくりん》（覆輪の材質に金または金色の金属を用いたもの）であった。荷物などを運ぶ輿《こし》は十二挺もでた。また、婚姻に際して蟇目《ひきめ》の役（妖魔を降伏させるために弓に蟇目の矢をつがえて射る作法）は小山田信茂《おやまだのぶしげ》が負った。彼は甲斐最大の国人であり、その領域である郡内は甲斐と相模の中間に位置するので、彼の支配域を通らなくては彼女の受け渡しもできなかった。同時に信茂は武田家の外交を担っていたので、彼が武田と北条の間に入る形になって結婚が進められたのである。

供の騎馬は甲州から三千騎、人数は一万人も出た。長持は四挺、二挺と続き、その受け渡しが国境に近い上野原《うえのはら》（山梨県上野原市）で行われた。相模からの迎えには遠山氏、桑原氏、松田氏があたり、これも五千人ばかりでやってきた。甲州の人数はことごとく小田原で年を越し、小山田信茂の有力家臣の小林尾張守は氏康の邸宅にまで参上するほど優遇された（『妙法寺記』）。

義信と今川義元の娘の結婚でも触れたが、戦国大名家同士の結婚は領国および他国に対する一大デモンストレーションで、多くの人数が出て、お互いに自らの力を誇示しようとした。特に供の者たちは刀や鞍といった武士の象徴になる道具を飾り立て、自分たちの力を明示した。領国民もそうした目に映ずる世界に自らの国主の力を感じ、同じ国の代表者としてそれを誇ったのである。

信虎の兄弟と子供たち

信虎の兄弟や子供たちはどのような結婚をしたり、人生を送ったのであろうか。

まずは兄弟から確認しよう。信虎の弟は次郎五郎といい、勝沼《かつぬま》の家を継いで勝沼安芸守《あきのかみ》信友と名乗った。生年は明らかではないが天文四年（一五三五）に亡くなった。『妙法寺記』の天文四年八月二十二日の記事に、相模の北条氏が二万四千の大軍で都留郡に侵入した時、小山田氏が敗れ、大輔《たいふ》殿などが討死し、勝沼の人衆二百七十人が討死したとあるが、この大輔殿が勝沼信友とされる。したがって信友は信虎の藩屏《はんぺい》として戦って亡くなったといえよう。

妹の一人は、信虎にとって国内最大の国人である小山田信有の妻になり、信玄の娘が北条氏政と結婚するに際して蟇目の役を負った信茂を生んだ。またもう一人は、叔父である油川信恵の妻になり、信貞（駿河の国人葛山維貞の養子となる）を生んだ。

　信虎の子供たちに目を転じよう。信虎の長女は今川義元の室となり、氏真を生んだ。彼女の縁によって信虎が駿河に行き、信玄に追放されたことは既に記した。

　内藤氏の女性を母とした娘は河内を領した穴山信友《あなやまのぶとも》の妻となり、後に勝頼を裏切ることになる信君《のぶただ》（梅《ばい》雪斎《せつさい》不《ふ》白《はく》）の母となった。

　天文九年（一五四〇）、信虎は六女禰々を諏訪頼重の夫人とした（『妙法寺記』）。彼女は十六歳で十一月晦日に嫁した（『神使御頭之日記』）。また一人の娘は浦野氏に嫁いだ。お亀と呼ばれた娘は大井次郎の妻となったが、天文二十一年五月二十六日に十九歳で亡くなった。下伊那の豪族下条信氏《しもじょうのぶうじ》の妻となった娘や、東信地方の豪族である根津神平の妻になった娘、さらに駿河の葛山信貞の妻になった娘もあった。永禄三年（一五六〇）正月九日、権大納言《ごんだいなごん》菊亭晴季《きくていはるすえ》が信虎の娘をめとった（『言継卿記《ときつぐきょうき》』）が、彼女は天文十四年に信虎が駿河においてもうけた娘であった。

　信虎の男子はどうなったであろうか。信玄の兄弟の中でもっとも広く知られているのが弟の左馬助信繁で、左馬助の唐名によって典厩《てんきゅう》とよばれた。彼は信玄を助けて軍事的な活動や領国支配に力を尽くし、永禄四年（一五六一）九月十日に川中島合戦において戦死した。彼の下に六郎、上野介と称した左衛門佐信《のぶ》基《もと》があった。その下が信廉《のぶかど》（絵画で有名な逍遥軒信綱《しょうようけんしんこう》）で、信玄と勝頼を補佐し、天正十年三月に府中の立《たて》石《いし》で殺された。また松尾信賢《まつおのぶかた》の養子となって、元亀二年（一五七一）三月十日に亡くなった信是《のぶこれ》がおり、その弟は恵林寺の僧宗智《そうち》だという。その下の一条右衛門大夫信龍《のぶたつ》は武田家滅亡のおりに市川（山梨県西八代郡市川三郷町《いちかわみさと》）で討たれた。さらに兵庫頭信実《のぶざね》は天正三年（一五七五）五月二十一日に長篠合戦において討死した。

信玄の弟たちは武田家のために身を削って戦い、統治の補佐をしていた。彼らにはほとんど個人としての生活はなく、武田家の持ち駒に使われ、一生を終えたのである。

信玄の子供たち

信玄の娘の一人は穴山信君の妻となり、勝千代を生んだ。また木曾義昌《きそよしまさ》と結婚した娘もいた。後者の場合、『甲陽軍鑑』によれば、天文二十四年（一五五五）八月、武田軍に攻められた木曾氏が所領をすべて信玄に進上し、甲府に詰めて奉公しようと述べて降伏したので、信玄は態度がよいと所領を安堵し、木曾氏は歴史を持つ高家だからと義昌を娘婿にし、娘の介添えの大人として千村家晴《ちむらいえはる》と山村良利《やまむらたかとし》を木曽に差し置いたという。

このように、信玄の娘は信玄がどうしても手なずけておきたいと思う国人領主のもとへも、嫁がされたのである。

『甲陽軍鑑』によれば、永禄十年（一五六七）十一月二十一日、信長が信玄に七歳になる信玄の娘を嫡男の嫁にしたいと申し込んだ。家老衆の反対にもかかわらず、信玄は信長の自分と昵懇《じっこん》にしたいという主張に嘘偽りはないだろうと、了承したと返答をした。そこで同じ年の十二月中旬に、祝言の樽（酒）が甲府に届けられ、信玄の六女のお松と信忠《のぶただ》の婚約が決まった。

この時、信長から信玄へは虎皮三枚、豹の皮五枚、緞子《どんす》百巻、金具の鞍鐙《くらあぶみ》十口が贈られた。また信玄の娘には厚板《あついた》（厚地の織物）百端、薄板《うすいた》（羅）百端、緯白《ぬきしろ》（経《たて》糸が紫、緯《よこ》糸が白の織り地）百端、織紅梅《おりこうばい》（経糸が紫、緯糸が紅の織物）百端、代物千貫、けかけ（模様に金箔をつけた）の帯上中下の三百筋が贈られた。信長は自分の力を誇示するために海外から入手した物や、高価な織物などを贈ったのである。これに対して信玄からは永禄十一年（一五六八）六月上旬に手紙と樽、肴を作法のごとく贈った。さらに信長への贈り物として越後有明の蠟燭《ろうそく》三千張、甲斐の名産だった漆千桶、熊の皮千枚、馬十一疋（この内の一疋は関東の宇都宮氏から贈られたもの）であった。また信忠には大安吉の脇差、義広の腰物、紅千斤、綿千把、馬十一疋が贈られた。どうも贈り物に関しては、信玄の方が見劣りしているように感じられる。

元亀三年（一五七二）、お松が十二歳のとき武田家と織田家が不和になり縁談は破談となったが、彼女はそのまま嫁に行かず別館に住んだので新館《にいたち》御料人と呼ばれた。

信玄の嫡男義信と勝頼以外の男子はどうだったろうか。天文十年に生まれた次男を竜宝というが、盲目であったため髪を蓄えずに別館にいて、永禄のころに信濃の海野《うんの》氏の名跡を継いだ。天正十年（一五八二）三月十一日、勝頼の敗死を聞き、畔村《あぜむら》（甲府市住吉町）入明寺《にゅうみょうじ》に入って自殺した。弘治三年（一五五七）に生まれた勝頼の弟が仁科《にしな》越前の養子になった五郎盛信《もりのぶ》で、天正の初めころに伊那郡高遠の城主となり、天正十年に高遠城で討死した。その弟が、駿河の葛山氏元の養子になった十郎信貞である。

基本的に信玄の子供たちも家に殉じたといえる。

勝頼主導で

勝頼は謙信《けんしん》死後にその家督をめぐって景虎《かげとら》と景勝《かげかつ》が争った御館《おたて》の乱を契機にして上杉景勝と結びつき、妹のお菊を景勝と結婚させた。

天正六年（一五七八）十二月二十三日に勝頼が景勝へ、嫁取り申し込みの祝儀として、太刀一腰、黒毛の馬一疋、鵝眼《ががん》（銭）千疋を贈られた礼を述べ、来春こちらから早々に祝詞を申し達すると書状を出した（新三―六六二）。

お菊が甲州から春日山《かすがやま》（新潟県上越市）に輿入れしたのは天正七年（一五七九）十月二十日であった。跡部勝忠と以清斎《いせいさい》が上杉家臣の長井昌秀へ、勝頼の妹が嫁いだ際に甲斐国から従って越後に居住した人の貫高と名前、その人物に付随した人数を知らせた。それによれば、合計百六十五貫の所領を持つ武士八人に四十一人が付属し、中間《ちゆうげん》三人に三人が付属した（新三―五〇六）。この内の一人で六人の被官を連れていった雨宮縫殿丞《あめみやぬいどののじよう》は、天正七年十一月十六日に甲斐へ召還された（『越佐史料』五巻七二二ページ）。

勝頼の妹とともに越後に赴いた者の中に佐目田《さめた》菅七郎の名が見えるが、天正八年（一五八〇）四月二十五日、勝頼は佐目田右兵衛《うひようえ》に景勝の妻となっている妹に奉公しているからと、河東郷《かとうごう》（山梨県中巨摩郡昭和町）新屋一間の棟別役などを免除した（山一〇七）。勝頼の妹のもとには甲州から多くの人が付属させられ、武田家の家臣としての立場を維持していたのである。彼らは妹の身辺保護や彼女が使役することを名目に送りこまれたが、勝頼としては景勝のもとに多くの人数を送り込むことで、上杉家に影響力を維持し、常に牽制しようとしたのであろう。勝頼は結婚を契機にして越後にくさびを打ち込んだのである。

戦国大名たちは結婚によって血縁関係を作り互いに同盟を強めたが、それだけでは安心できなかった。天正七年十一月十八日付けの勝頼書状からすると、勝頼は要請に基づいて使者の富永清右衛門尉の眼前で誓詞に身血を染め、榊《さかき》を取って神に誓った誓詞を景勝に送ったようである（新一―六五一）。翌天正八年正月、上杉家から甲州へ祝儀のために使者が派遣された（新一―八六〇）。

家族の役割

戦国大名の一族は個人としての自由はほとんどなく、家に従属して家の永続のために利用された。女性たちには父や兄の権力の大きさや社会情勢に応じて、同盟関係を前提に嫁ぎ先が決められた。兄弟たちは武田家を支えるために、ほとんどの者が軍事力の一翼を担い、当主の領国統治を手伝い、戦乱の中で死んでいった。

ともかく戦国大名の家族の関係は、我々の家族意識とはまったく異なったもので、現代的意味の個人や自由はほとんど存在せず、家や一族だけが存在したことを理解しなければならない。したがって当時の人々の喜びは、我々とは違ったところにあった可能性が高いのである。

3　家族愛をめぐって

信玄の母への思慕

それならば、戦国大名には我々が感ずるような家族愛がまったく存在しないのであろうか。当然のことではあるが、長らく生活をともにし、子供が産まれたりすれば、家族の中に愛が育まれないわけがなかった。

天文十七年（一五四八）二月十四日、前日の上田原（長野県上田市）合戦で武田軍が大きな敗北を喫したと、上原城（茅野市）にいた高白斎に敗戦の知らせが届いた。しかしながら信玄は本陣にとどまったままだった（『妙法寺記』）ので、十九日に今井信甫と高白斎が相談し、信玄生母の大井夫人に信玄が退くように口添えしてもらうことにし、彼女の使者が信玄に帰陣するよう申し述べたため、信玄は三月五日に諏訪の上原まで馬を納めた（『高白斎記』）。母の説得には強情な信玄も耳を貸したのである。

天文二十一年（一五五二）五月七日、大井夫人が五十五歳で亡くなった（『高白斎記』）。翌年六月、武田信廉が亡母の一周忌にその肖像を描いて長禅寺《ちようぜんじ》（甲府市）に寄進し、同月に大泉寺《だいせんじ》（同）住持の安之玄穏《あんしげんいん》が賛を付けた（大泉寺文書）。絵には子供の亡き母に対する思慕が感じられる。天文二十四年（一五五五）五月七日、恵林寺《えりんじ》住持の快川《かいせん》が大井夫人の四回忌拈香《ねんこう》（焼香）を勤めた（『明叔録』）が、ここには信玄が自分の尊敬する快川に愛する亡き母の回向《えこう》を弔ってほしいとの意図があった。

こうした点からしても、彼女は信玄をはじめとする子供たちに慕われ、大きな影響力を持っていたようである。

茶湯料十八貫

三条夫人が産んだ信玄の長男義信は永禄八年（一五六五）に父に謀反《むほん》し、十年十月に亡くなった。おそらくその翌年、同じく彼女が産んだ北条氏政に嫁いだ長女が甲府に出戻り、間もなく亡くなった。夫人としては夫と長男の諍《いさか》いに挟まれ、また長女に先立たれ、つらい毎日だったろう。それからしばらくたった元亀元年（一五七〇）七月二十八日、夫人は子供たちの後を追うように亡くなった（「引導院過去帳」）。

同年十二月一日、信玄は円光院《えんこういん》（甲府市）へ彼女のために、茶湯料として林部《はやしべ》（山梨県笛吹市一宮町）と石和《いさわ》（笛吹市石和町）の屋敷分、合わせて十八貫を寄付した（山六〇）。

信玄と三条夫人の関係は徳川家康と正妻の築山殿《つきやまどの》の関係に似ている。家康は今川義元の一族の娘築山殿と結婚し、長男信康《のぶやす》が生まれた。信康は、織田信長の娘徳姫《とくひめ》と結婚し、二人の間に女子二人が生まれた。築山殿は跡継ぎの男子が必要だとして、信康に徳姫以外の女をすすめたので、徳姫と築山殿の関係が悪化し、信康夫妻の仲も不和になった。徳姫は父信長に、築山殿と信康が共謀して武田家に内通していると訴えたので、信長は家康へ信康に腹を切らせるよう求めた。家康はこれに従い、築山殿も殺害させた。しかしながら家康は内心、討手が築山殿を殺さずにどこかに逃がしてくれることを期待していた。

謀反を起こした息子を産んだ三条夫人の菩提《ぼだい》を弔うため寺領を寄進したのは、信玄に家康が築山殿を愛したのと同じ気持ちがあったためだろう。けれども、信玄が極めて政治的な人間であったためか、彼が夫人たちに対して心を吐露するような史料はまったく残っていない。

関所を廃する親心

弘治元年（一五五五）十一月八日、相模の北条氏政に嫁いだ信玄の娘が、子供を出産した。信玄が満足して喜んだことはたいへんなものであった、と郡内の僧侶すら記している（『妙法寺記』）。信玄の娘の出産に対する喜び方は、甲斐国内に広く知られるほど大げさだったのである。

弘治三年（一五五七）十一月十九日、信玄は富士浅間大菩薩に願書を出した。そこには、北条氏政の妻となっている娘がお産を迎えるが、安産かつ無病延命でいてほしい、そうなったならば、来年の夏六月より富士参詣の者たちが通る船津《ふなつ》（山梨県南都留郡富士河口湖町）の関所を廃止すると記されており（山一六一一）、関所を廃してまで安産を祈る父親の気持ちがよく表れている。

信玄は永禄八年（一五六五）五月にも富士浅間菩薩へ、娘の病が平癒し息災で延命するようにと祈った（山一五〇九）。同じく信玄は浅間大菩薩宝前に永禄九年五月に願文を捧げ、北条氏政の簾中《れんちゅう》となっている息女が、このたび懐妊し来年の六月か七月ころ子供が産まれるが、お産が平安で子供にも母にも災いがないよう願った（山一六一三）。

北条氏政のもとに嫁に行った長女に対する信玄の愛情は、並々ならぬものであった。戦略のために子供たちを持ち駒として使う事実はあっても、子供たちに対して親の愛情がなかったわけではない。これほど子供に愛情を持った信玄も、結果的に長男を殺すことになった。その意味で彼は家庭的には恵まれなかったといえよう。

勝頼我とともに……夫婦愛

天正元年（一五七三）十二月二十四日、勝頼は大野寺《おおのじ》（大野山福光園寺《ふっこうおんじ》、山梨県笛吹市御坂《みさか》町）に寺領を安堵し、御料人の息災延命を祈念させた（山七六九）。この時期の勝頼夫人は織田信長の養女であろうが、ここにも夫の妻に寄せる思いがかいま見られる。

天正六年（一五七八）十月十五日、勝頼は上伊那の池上清左衛門尉に年来大方様《おかたさま》（勝頼の祖母、勝頼の母とする説もあるが母は『鉄山録』の諏訪氏十七回忌頓写法華経銘から弘治元年（一五五五）に亡くなったことが知られる）に奉公したと五貫文の所を与え、いよいよ細工の奉公をするようにと命じた（⑭三七二）。これに関係して勝頼の祖母も十月吉日付で清左衛門に、久しい年月知行も与えられずに奉公してきたので、御屋形様（勝頼）へことわって五貫文の所を請い受け、そちに与えるのでいよいよ油断無く奉公するようになどと述べた手紙を与えた（⑭三七二）。勝頼の祖母に対する愛情がここにも見られる。

天正十年（一五八二）二月十九日に勝頼夫人は武田八幡宮（韮崎市）に願文を捧げた。戦国大名の夫人が神に捧げた願文はほとんど知られず、その内容も武田氏滅亡直前に夫の延命を祈った特殊なものである。女性の書いた文書としてひらがなが主体になっているが、「かつ頼」といったように漢字も混じる。その「頼」の字は異体であり、「逆臣」を「けき新」とするといった書き方もある。また本来なら抜かれない字が後から横に付け加えられるなど、この願文には疑問も多いが、まことに興味深い内容である。ちなみに文言等は『平家物語』で木曾義仲が、現富山県小矢部《おやべ》市埴生《はにゅう》の護国八幡にあてた願書に似ている。これはまた幸若舞《こうわかまい》（曲舞《くせまい》）の語り台本を読み物風にまとめた『舞の本』の「木曾願書」にも出ており、当時よく知られたものといえ、夫人の教養を知る材料ともなる。

この願文をわかりやすいように、意味の正しい漢字混じりに書き直すと次のようになる。

　敬って申す　　祈願の事

南無帰《き》命頂礼《みようちようらい》八幡大菩薩、この国の本主として、武田の太郎と号せしよりこの方、代々守り給う。ここに不慮の逆臣出来たって国家を悩ます。よって勝頼運を天道に任せ、命を軽んじて敵陣に向かう。

しかりといえども士卒利を得ざる間、その心まちまちたり。なんぞ木曾義昌そくばくの神慮をむなしくし、吾身の父母を捨てて義兵を起こす。これ自ら母を害するなり。なかんずく勝頼累代重恩の輩《ともがら》、逆臣と心を一つにして、たちまちにくつがえさんとする。万民の悩乱《のうらん》、仏法の妨げならずや。そもそも勝頼いかでか悪心なからんや、思いの炎を天に揚がり、瞋恚《しんい》なお深からん。我もここにして相ともに悲しむ、涙また闌干《らんかん》たり。神慮天命まことあらば、五逆十逆たる類、諸天かりそめにも加護あらじ。この時に至って神鑑《しんかん》私無く、渇仰《かつごう》肝に銘ず。悲しきかな、神慮まことあらば、運命この時に至るとも、願わくは霊神力を合わせて、勝つことを勝頼一時につけしめ給い、仇《あだ》を四方に退けん。兵乱《ひょうらん》変えて命を開き、寿命長遠、子孫繁昌の事。

右の大願成就ならば、勝頼我ともに、社壇《しゃだん》みがきたて、回廊建立の事。

敬って申す。

天正十年二月十九日　　源　勝頼内《みなもとのかつよりうち》（山一四三六）。

つまり彼女は、この国の本主である武田家を代々守ってきてくれた八幡大菩薩に、おおよそ次のように願っているのである。

不慮の逆臣（木曾義昌）が出て国家を悩ましているので、勝頼は運を天道に任せ、命を軽んじて敵陣に向かったけれども思うに任せなかった。これは万民の悩乱、仏法の妨げになるものである。勝頼は義昌の行為を怒っているが、自分も夫とともにこれを悲しく思い、涙が止まらない。神慮天命にまことがあるならば、五逆十逆の者たちに諸天はかりそめにも加護しないであろう。願わくは霊神が力を合わせて勝頼が勝つようにしていただき、仇を四方に退けて、兵乱を変えて命を開き、寿命長遠、子孫が繁昌するようにしてほしい。この大願が成就したならば、勝頼と自分で社壇をみがきたて、回廊を建立することを約束する。

夫の危機的な状況の中で、その勝利を願う夫人の心持ちが溢れている文章である。夫婦の愛情は、戦国大名にあっても存在していたのである。

信虎は信玄によって他国に追放されたように、家庭的に決して恵まれていなかった。大井夫人も子供たちには慕われたが、夫信虎のことをどれだけ考えたかわからない。信玄も正妻の三条夫人との間にできた嫡男に裏切られ、正妻の子供は家を継がず、多くの側女《そばめ》を置き、四男が家を継いだ。それに対して勝頼は正妻に深い愛情を抱き、夫人の息災延命の祈願をしたり、夫人に仕える者に留意したりしている。そうした妻に対する優しい気持ちがあったからこそ、勝頼夫人も夫の身を案じて願書を書き、さらには死までともにしたのである。政治的に結婚したとしても、勝頼は現代人と近い夫婦愛を育てていたものといえよう。高野山持明院に残る親子三人が一緒に描かれた画像には、勝頼一家の心の絆さえ感じられる。

死者のために

弘治二年（一五五六）十一月一日、信玄は広厳院《こうごんいん》（笛吹市一宮町）に祖母崇昌院《すうしょういん》の菩提を弔うために、一宮の内で十貫文の所を末代に至るまで寄付するので、以後は現在の寺の称である崇昌院の号を改め、広厳院と称するようにと命じた（山八〇一）。

崇昌院は信縄《のぶつな》の夫人で、信虎の母、すなわち信玄の祖母に当たるが、天文十四年（一五四五）六月十九日に没した。弘治三年が祖母の十三年忌に当たるので、信玄は菩提のために一宮郷内に十貫文の地を広厳院に寄進し、彼女を中興開基としたのである。

信玄は永禄元年（一五五八）閏六月十日に大泉寺（甲府市）へ、桃由童女《とうゆどうじょ》（信玄の娘）の菩提のために、浄古寺《じょうこじ》（山梨市牧丘町《まきおか》）の大村右京亮《おおむらうきょうのすけ》分三貫文を寄付した（山一八九）。幼くして亡くなった娘を思う父の気持ちからであろう。

元亀元年（一五七〇）十二月一日、信玄は大泉寺に黄梅院《おうばいいん》の料として、南古《なんご》（南アルプス市西南湖・東南湖）の内で尼知行分、上納十六貫二百文の所を寄付し、塔頭《たっちゅう》の造営を疎略なく行い、特に朝経暮呪の勤行を怠慢なくするようにと命じた（山一九一）。黄梅院は信玄と三条氏との間に生まれた長女で、天文二十二年（一五五三）二月に北条氏政の妻となって、氏政との間に跡継ぎとなった氏直《うじなお》など四人の男子を産んだ。しかし、永禄十一年（一五六八）信玄が駿河に侵攻し、武田と北条の関係が悪化すると甲州に戻され（おそらく永禄十一年十二月）、翌年六月十七日に亡くなった。父より早く亡くなった彼女の冥福を信玄は祈ろうとしたのである。

勝頼は天正三年（一五七五）正月二十三日に西昌院《さいしょういん》（甲府市）に、御西《おにし》（信虎側室）の菩提のためにこの寺を建立し牌所と定めたので、若神子《わかみこ》（山梨県北杜市須玉町《すたま》）の内で三十俵の所を寺産として寄進した（山六六六）。

このように戦国大名は縁者である死者の菩提を弔い、冥福を祈ろうとした。これは一家の人々に対する愛情と、先祖の霊によって自分たち一族を守ってもらおうとする意識によっていると思われる。

第五章　日々の暮らし——日常の決まり

1　信玄一代

誕　生

武田家の当主はどのような一生を送ったのであろうか、ここでは三代の中で最も有名な信玄に目を向けて、その誕生から死に至る人生儀礼を概観したい。

信玄が要害城《ようがいじょう》麓の積翠寺《せきすいじ》で生まれたのは、『高白斎記』によれば大永元年（一五二一）十一月三日の午後八時ころであった。出産時に妖魔を降伏《ごうぶく》するための蟇目《ひきめ》の役は曾根三河守が負った。出産の蟇目について『甲陽軍鑑』は白縁畳の裏を合わせ二畳立てて、五寸の木を削ってそれに据え、絹一疋を畳に投げかけ、その上を家の年寄が射るもので、その時のいでたちは男子は黒衣、女子は白衣だとしている。

信玄が積翠寺で生まれたのは、九月に駿河から福島勢が攻め込んで来たので、安全のために母が避難していたからであった。ちなみに父の信虎も、身を守るために要害城に上がっていた。幼児が本来の家である躑躅ヶ崎の館に下ったのは二十七日であった（『高白斎記』）。

信玄と結婚した上杉朝興《うえすぎともおき》の娘が懐妊して死んだように、出産は母にとっても子にとっても命に関わる大変なことであった。それゆえ信玄も長女の出産に際しあれほど安産を祈ったのである。医療技術の遅れていた当時にあっては、ひたすら神に祈り、呪術行為をするしかなかった。そこで蟇目などの呪術儀礼がなされて、災いを避けようとしたのである。

無事出産となると、家族は心から安堵し、喜んだことだろう。

元服と初陣

信玄は幼名を勝千代《かつちよ》といい、『高白斎記』によれば大永三年（一五二三）十二月三日に「御袴着《はかまぎ》」の儀式を執り行った。これは幼児から少年に成長することを祝って初めて袴を付ける儀式である。『歴名土代』では、信玄は天文五年（一五三六）正月十一日に従五位下《じゅごいのげ》に叙爵されたとする。これによって国家的枠組みの中に位置づけられたことになる。

信玄は天文五年三月に十六歳で元服し、将軍足利義晴《あしかがよしはる》の諱《いみな》から「晴」の字を得て晴信《はるのぶ》と名乗り（『高白斎記』）、ついで晴信の使節が答謝のために上京した。『甲陽軍鑑』は今川義元の肝いりによって勝千代が十六歳の三月吉日に元服して、朝廷から勅使として三条公頼が甲府に下向し、勅命をもって彼の姫を晴信に嫁がせることになり、その年の七月に輿入れしたとする。

甲斐二宮の美和《みわ》神社（笛吹市御坂町）には赤革具足《あかがわぐそく》（朱札《しゅざね》素懸《すがけ》紅《くれない》糸威《いとおどし》胴丸《どうまる》佩楯付《はいだてつき》）が一領ある。この胴丸は幾分小型に仕上げられており、神社の伝説では信玄が奉納した着初めの鎧だという（様式から時期的に合わないとの説もある）。

信玄の初陣《ういじん》は『甲陽軍鑑』に記された、天文五年十二月二十八日に信州佐久郡海ノ口城（長野県南佐久郡南牧村）を攻め落とし、平賀源心《ひらがげんしん》を討ち取ったことで知られる。信虎が佐久に攻め入って諸城を陥れたのは天文九年五月なので、事実は疑わしい。しかしながらこのように喧伝《けんでん》されるところに、当時の人に初陣がいかに重要なものと意識されていたかが現れている。

厄　年

信玄は二十五歳の厄年を迎えた天文十四年（一五四五）二月、長寿と文徳武運の円満成就を多賀《たが》大明神（滋賀県犬上郡多賀町）に祈った。その文章には、

謹んで啓す、聞くならく、江州多賀大明神は、日域の霊神なりと。国家人民、皆命を復し常に服すること、竺乾《じくけん》（仏）の耆婆天《ぎばてん》に謁するに異ならず。故に、知ると知らざると、共に競うて詣でざるはなし。それがし、甲源氏の朝臣武田大膳大夫晴信、誕生は辛巳《かのとみ》（大永元年（一五二一））の歳なり。今年念五《ねんご》（二十五）の生年に当たる、謹んで疑う所を神に霊に質《ただ》す、しかく神有り、厄災を除き、亀齢鶴算《きれいかくさん》ならしめ、あわせて粛《しゅく》公肉芝《にくし》食を飡《くら》い、王母の皮毛を洗うを得、殊には仏法付属の金言を蒙る、けだし無量寿仏の霊験を得んか。もし霊感なくんば、諸仏の妄語なり、惜しいかな。次に文徳武運、願いに順《したが》いて自由を得ること掌《たなごころ》を指すが如し。てへれば必ずや諸願円満ならん。黄金二両宝殿に献《ささ》げ奉るものなり、天は長く地は久し。（多賀大社文書）

とある。文意は次のようなものである。

謹んで申し上げる。聞くところによれば、近江国にある多賀明神は日本の霊神だという。この大明神に

祈願する国家人民は、皆願いが叶えられて回生長寿の利益を蒙ること、仏典に説かれている長寿を司る耆婆天に参詣して霊験を得るのと異ならない。このため知ると知らざるとを問わず、競って参詣しない者はない。甲斐源氏である武田大膳大夫晴信は、辛巳の歳の誕生なので、今年二十五歳になり厄年に当たる。ここに願書を捧げて謹んで疑問に思っているところを述べるので、神霊の教示を仰ぎたい。ここには霊神がいて、災厄を除き、亀や鶴のごとくの長寿を得させ、それとともに神仙伝の粛静之《しゆくせいし》が霊薬の肉芝を食べて歯や髪が再び生え、仙女伝の西王母《せいおうぼ》が皮毛を洗った桃を食して三千年の長寿を得たのと同じくらい、霊験を与えるという。ことに私は釈尊《しやくそん》が直接伝授した不滅の教えを蒙り、尊信している。思うに無量寿仏(阿弥陀如来、本地垂迹《ほんじすいじやくせつ》説によれば多賀大明神は阿弥陀如来の垂迹)の霊験によって、災厄を除き、長寿を全うするであろう。もしも霊感がなければ諸仏が嘘をついたことになって、惜しむべきである。次に文徳(学問によって教化し、人民を心服させる徳)と武運とを思いのまま自由自在に、あたかも掌の中を指すように簡単に得ることができる。ということで、必ず諸願が円満に成就しよう。ここに黄金二両を宝殿に献じ奉る。天地が永劫不変《えいごうふへん》のように長く加護してほしい。

実にみごとな文章であり、文字にも品格があって、信玄の学識の深さがしのばれる。ともかく彼の意識の中には厄年から逃れて長寿を全うしたいとの願いがあった。当時厄年はこれほど重く考えられていたのである。

大僧正任官

元亀三年(一五七二)七月二十六日より前、信玄は山城国の曼殊院《まんしゆいん》(京都市左京区)門跡覚如《かくによ》の斡旋により天台宗の極官《ごっかん》に任じられた。二十六日に信玄は覚如にこれを謝し、信濃において土地を寄進すると約束した（曼殊院文書）。十月三日、信玄は延暦寺の慈光坊《じこうぼう》に対して「極官」（大僧正）任官斡旋の礼として、遠江国内において一箇所の所領を寄進することを約束した（静五二三）。

『甲陽軍鑑』では永禄九年（一五六六）正月十三日に大僧正を任ずる綸旨《りんじ》が下ったとする。そこで二十一日から甲府の喜見寺《きげんじ》に天台宗の智識衆《ちしきしゅう》が集まり護摩《ごま》（護摩木を焚いて息災・増益・降伏・敬愛などを本尊に祈ること）があった。また加賀美の法善寺（山梨県南アルプス市）では真言宗の護摩があった。その後、館の主殿で天台と真言の論議があり、その次に恵林寺・長禅寺の智識たちが入室して禅を説き、曹洞宗の智識たちが平和の法問をした。さらに岡田堅桃斎《けんとうさい》が奏者になって時宗の一蓮寺の僧たちが話をした。そのほかおのおの百句からなる連歌がなされた。

信玄が任官したのは自らの宗教的な救いを求める心と同時に、宗教的な権威を身にまとって統治の手段とし、軍事行動にも利用しようという意図によろう。この時の儀式でも宗派を越え、それらを統合しようという動きが見て取れる。

医者を抱える

戦国大名も病気になるので、対応のために医者が抱えられた。信玄時代の御伽衆《おとぎしゅう》（主君のそばで話し相手となる役）の中に医をもって信玄に仕えた板坂法印《いたさかほういん》がいるが、彼は室町将軍家の侍医である板坂三位《さんみ》と関係があろう。同じく卜斎《ぼくさい》は宗高といい、近江《おうみ》坂本（滋賀県大津市）の出身で京都南禅寺《なんぜんじ》東禅院の僧であったが、信玄に仕えて甲斐に移り、後には徳川氏の用を足した。また山本大琳《やまもとだいりん》も信玄の侍医で、武田家滅亡後は江戸幕府に仕えた。このように信玄は身近に中央から招いた優秀な医者を控えさせていた。『甲陽軍鑑』によれば、信玄は天文十五年（一五四六）十月より病気になった。また天文十七年二月十四日の上田原（長野県上田市）合戦では信玄も手傷を負い、三十日の間甲州志摩の湯（甲府市湯村温泉）で湯治して平癒したという。当時は湯治が大事な医療だったのである。

その後、信玄は永禄十一年（一五六八）十一月に少し煩った。板坂法印が脈を取り、この病気はやがてよくなるだろうが、一両年の内に膈《かく》という病気（胸の病気）になるだろうから、京都から薬師《くすし》を呼んで養生するのがよいと申し上げた。天正元年（一五七三）病気が重くなると信玄は二月中旬に灸をし、養生のために種々の薬を用い、だいたい病気がよくなったように見えたが、四月十一日の午後二時ころより病状が悪くなり、脈がことのほか速くなり、十二日の午後十時ころに口の中にはくさ（歯の病気）が出、歯が五、六本抜け、それから次第に弱ったという（『甲陽軍鑑』）。

実態はともかく、信玄が病気に冒されていたことは疑いなく、それに対応するために医師たちも用意されていたのである。その時の治療は薬、灸などであった。

戦陣に没す

武田信玄が没したのは元亀四年（一五七三）四月十二日だった。『武家事紀』に所収されている御宿監《みしゅくけん》物《もつ》が小山田左衛門大夫に宛てた書状によれば、信玄は十月三日に分国の諸卒を引率して遠江に向かい、家康を破って浜松（静岡県浜松市）に立て籠もらせると、三河に向かって在々所々を撃砕した。しかし長陣に及んで際限なく兵を労したので、まずは信濃に帰って馬を納めようと評議した。やがて信玄は「肺肝により病患たちまち腹心に萌し、安んぜざること切なり」という状況になったため、医術を尽くし薬を用いたが業病はいえず、ついに病の床に伏し、信州駒場《こまんば》（長野県下伊那郡阿智《あち》村）で没したという（⑬五七〇）。五十三歳であった。

『当代記』によれば信玄は十ヵ年にわたって精進潔斎《しょうじんけっさい》をしていたけれども、二月より煩い、魚・鳥を薬として食していたという。いずれにしろ信玄は長年の病魔（肺結核あるいは癌とする説が強い）に冒されていて、ついに軍行中に生涯を閉じたのである。

武田家が信玄の死を隠そうとしていたことは疑いなく、勝頼は死後の五月六日に下間頼廉《しもつまよりかど》に信玄の名で「晴信」の朱印を捺した書状を送り、遠江国の平定を伝えた（静六二〇）。また六月二十一日には大藤与七に信玄の書状の形態をとって「晴信」朱印で、親父式部丞の軍功を賞した（静六二三）。

信玄が死んでからそれほどたっていない四月二十五日、飛驒の江馬家家臣である河上富信は上杉景勝家臣の河田長親《かわだながちか》に書状を送り、信玄は甲府へ馬を納めたけれども煩っているということだ、また死去されたとの話もあると連絡した（新三―五一四）。これをもとに四月二十九日、河田長親は上杉謙信に美濃《みの》や遠江で「信玄遠行《えんこう》（死ぬこと）必定の由」と噂が流れており、少なくとも煩っていることはまちがいないと伝えた（静六二九）。謙信は六月二十六日に長尾憲景《ながおのりかげ》に「信玄果て候儀、必然に候」と信玄の死去を伝えている（静六三五）。織田信長も九月七日に毛利輝元《もうりてるもと》と小早川隆景《こばやかわたかかげ》に「甲州の信玄病死候、その跡の体、相続難しく候」（静六八八）と述べている。信玄死すの情報は既に全国に広がっていたのである。

天正元年（一五七三）八月十三日に勝頼は松井宗恒《まついむねつね》および同心武藤釆女《むとううねめ》らに、法性院《ほっしょういん》殿（信玄）より渡されていた本領を安堵した（静六五六・六五七）。これはあきらかに代替わりの安堵状で、このころから武田領国内でも勝頼への代替わりが公示されはじめた。

芳声天下に伝わる

天正四年（一五七六）四月十二日、勝頼は信玄の喪を発した。

信玄の葬儀は恵林寺で、四月十六日に行われた。『甲陽軍鑑』などによれば鎖龕《さがん》（棺を寝室より法堂《はっとう》に移し、鎖をもって棺の蓋を封ずる式）は東光寺の藍田慧青《らんでんえじょう》、掛真《けしん》（亡き尊宿の肖像をかけること）は伊那郡建福寺《けんぷくじ》（長野県伊那市高遠町）の東谷宗杲《とうこくそうこう》、起龕《きがん》（出棺時の誦経の儀式）は円光院（甲府市）の説三恵璨《せつさんえさん》、念誦《ねんじゅ》は圭首座、葬衆は暾《とん》首座、奠茶《てんちゃ》（茶を死者の霊前に供する）は開善寺（長野県飯田市）の速伝宗販《そくでんそうはん》、奠湯《てんとう》（死者の霊前に湯を供する）は長禅寺の高山玄寿《こうざんげんじゅ》、導師（葬儀の主となって引導する僧）は恵林寺の快川紹喜《かいせんじょうき》であった（⑭一五三）。このほかにも武田領国にいた高僧たちがほとんど姿を見せている。

宗杲は掛真法語の中で信玄を、「位は四品《しほん》に登り、威は三公を体す、その芳声や天下に伝わり、その仁道や寰中《かんちゅう》に鳴る、卜筮《ぼくぜい》は熊《ゆう》に非ず、覇王《はおう》の佐を渭北《いほく》に獲《え》たり、徳輝は鳳《おおとり》に儀《の》る、君子の国を日東に開く、槊《さく》を横たえて詩を賦するときは、蘇新黄奇の句工を学び、毫《ごう》を揮いて紙に落とすときは顔筋柳骨の神法を得たり、外に天台の架梨を着けて、究竟《くきょう》即の極果に到り、内に関山の佳曲を唱えて、仏心宗の紹隆を興す」などと評している（⑭一五四）。

意味は次のようになる。

信玄は親王の位の初位にまで登り、権威は太政官の最高職の如くである。そのよい評判は天下に伝わり、恵み慈しむやり方は天下にとどろいている。周の文王《ぶんおう》が狩猟に行こうとして占った時の卜辞の結果、渭水のほとりで呂尚《りょしょう》（太公望《たいこうぼう》）にあって任用したように、信玄は王者の助けとなる人物を得た。徳の輝きは聖人が出現したときにあらわれるという鳳凰に乗って知れ渡り、徳の高い立派な人の国を日本国に開いた。武器を横たえて詩歌を作る時には、蘇軾《そしょく》とその弟子たちの句工を学んで優れており、毛筆を手にとって紙に文字を書く時には顔真卿《がんしんけい》などの書の風韻・精神骨法を会得していた。外に天台宗の袈裟を着けて、結局教義の究極の悟りの境地にいたり、心の内に臨済宗関山慧元《かんざんえげん》の妙心寺派の佳曲を唱えて、仏教を受け継いでさらに盛んにさせた。

このように宗杲は信玄を評価しているのである。いかに彼が信玄をすぐれた人物と見ていたかが知られる。

最期の時に

戦国大名というと華やかな部分が目につくが、武田家の当主となった人物、あるいは当主となるべきだった人物のうち、現在に生年月日が伝わるのは信虎、信玄だけである。しかも信玄は駿河勢の甲斐侵略による混乱の中で生まれている。『甲斐国志』は信玄の長男義信が生まれたのを天文七年（一五三八）だとする。また勝頼は天文十五年生まれだが、誕生日が知られていない。勝頼の嫡男である信勝《のぶかつ》は永禄十年（一五六七）に生まれたが、その誕生日も不明である。

本来なら当主となるべきであった義信は父との確執で廃嫡され、信勝も武田家滅亡のために当主になれなかった。信虎も信玄も血なまぐさい争いの末に自らの立場を勝ち取っている。そして戦国大名になっても、心休まらない戦争の毎日を送らねばならなかった。

信虎、信玄、義信、勝頼、信勝はいずれも平穏な死を迎えたわけではなかった。信虎は流浪の末、故郷に戻ることなく信濃で亡くなり、信玄は軍勢を動かしながら思い半ばのまま信濃で病没し、義信は父との争いに敗れるかたちで没し、勝頼は織田勢の攻撃の前に天目山で亡くなり、信勝も同じ行動をとった。

肉親に看取られながら、満ち足りた気持ちで平穏に生涯を終えた者は誰もいないのである。あれだけ多くの事業をやり遂げ、神経をすり減らして生きても、末期《まつご》は極めて不満足なものといえる。これもまた戦国大名の一面であった。

2　躑躅ヶ崎の館

館の移転

躑躅《つつじ》ヶ崎《さき》にある武田家の館跡には現在武田神社が鎮座している。この館は信虎によって作られたが、信虎はここに館を設ける以前にも館を築いた。すなわち永正十一年（一五一四）に川田《かわだ》（甲府市川田町）に館を設け（『王代記《おうだいき》』）、それまで武田家歴代の居館があった石和《いさわ》から西方に移しているのである。

躑躅ヶ崎の館跡に立って周囲を見回すと、ここは相川《あいかわ》の扇状地上に立地し、北側は谷になっていて山城の要害城が扇の要のように見え、東西に山を抱え、南側は広く開けている。大きくいえば鎌倉に、また一乗谷にも似た景観である。おそらく当時の風水あるいは陰陽道などを前提にして占地されたものであろう。

『高白斎記』によれば、永正十二年四月十日に積翠寺《せきすいじ》の客殿の柱が立ちはじめ、五月二十四日には残らず柱が立ち、棟上げがなされた。積翠寺は後に信玄が生まれる所で、躑躅ヶ崎館の避難所の役割を持っていた。信虎重臣のこの記載は、積翠寺の客殿建設が躑躅ヶ崎に館を作る前提となったことを示している。

信虎が甲府に居館を移したのは永正十六年（一五一九）であった。『王代記』には六月二日に「甲府初立」とあり、『高白斎記』は八月十五日に新府中の御鍬立《おくわだて》をはじめ、翌日信虎が見分し、十二月二十日に信虎が府中に移ったとする。また、『妙法寺記』は「此年惣じて一国二国ならず、日本国飢饉して、諸国餓死に及ぶなり（中略）甲州府中に、一国の大人様を集り居結ばれ、上様も極月移り御座して、御台様《みだいさま》も極月御移り」としている。飢饉の中で府中の建設が進んでいるが、注目されるのは居館建設とともに有力国人がその周囲に集められたことである。

永正十七年（一五二〇）三月十八日に三沢の宗香《そうこう》が甲府において万部の読経を始めた（『高白斎記』）。『妙法寺記』にもこの年の三月に府中で信虎が万部法華経を読ませたと出ており、ここに初めて甲府の地名が文献に見えることになる。

六月朔日には信虎が丸山の城に登り香積寺《こうしやくじ》に下ったが、これは要害城《ようがいじよう》普請の下見であろう。六月十日には今諏訪《いますわ》（南アルプス市上今諏訪・下今諏訪）で合戦があり、信虎は逸見《へみ》から西郡《にしごおり》にかけての敵を滅ぼし、晦日に積翠寺丸山を城に取り立てて普請を始めた。なお、大永元年（一五二一）には駒井《こまい》昌頼《まさより》が要害城在番を命じられているので（『高白斎記』）、要塞城は翌年までにある程度出来上がっていたようである。また大永三年五月十三日には水神の祠を、要害城と思われる城にたてた。伝承によれば要害城を築いた時には山上のため水がなかったので、諏訪明神に祈誓して水を得たという。

このように武田氏の館は居住空間と政庁としての躑躅ヶ崎館と、いざというときに逃げ込む要害（地形が険しく、敵を防ぎ味方が守るのに便利な地）としての積翠寺丸山城（要害城）とがセットになって機能していたのである。

信虎は要害城以外にも甲府の防御用の城を用意した。大永三年（一五二三）四月二十四日に湯村（甲府市）の山城普請を開始した。さらに大永四年六月十六日には一条小山（現在甲府城のある位置）に砦を設けた（『高白斎記』）。躑躅ヶ崎館がある相川扇状地は、扇を北に要を置いて開いた形状なので、南側が盆地の中央に開いて防御が弱いため、南側に防御ラインをなす城を築かねばならなかったのである。

こうした状況の中で、躑躅ヶ崎館を中心とする甲府は次第に都市としての体裁を整え、大永五年には諏訪殿（金刺昌春《かなさしまさはる》）も甲府に屋敷を所望した（『妙法寺記』）。

整備に何年もかける

大永四年（一五二四）四月三日、躑躅ヶ崎の館に庫院（蔵）の柱が立ち、翌日には小庫院の柱が立って、十四日には信虎が移った。そして、大永六年二月十三日に山水《さんすい》（築山と池がある庭園）を作り始めた（『高白斎記』）。こうして、躑躅ヶ崎の館は何年もかけて整備されていったのである。

ところが、天文二年（一五三三）に館は焼けてしまった（『妙法寺記』）。即座に再建の着手がされたであろう。

天文十二年正月三日に大風が吹く中で道鑑《どうかん》の宿から出火し、躑躅ヶ崎の館も再度焼失した。このため翌日、高白斎は自分の屋敷を信玄に提供した。その後二月二十四日には萩原彦次郎の宿から出火し、信玄のいた屋敷にも火が移った(『高白斎記』)。

躑躅ヶ崎の館では三月二十日に常の間(主人が普段に住む部屋)の柱が立ち、四月六日の午前八時ころに常の間の棟上げがなされた。信玄は十月二日に常の間に移った(『高白斎記』)。天文十三年三月十三日の午前八時ころに御主殿《ごしゆでん》(屋敷の中でもっとも主要な建物)の柱が建ち、二十七日に主殿の棟上げがなされた。信玄は八月二十八日に信濃上伊那郡平定のため出陣したが、十一月九日甲府に帰り、二十二日に御主殿へ移り、祝儀の酒宴をはった(『高白斎記』)。

義信が今川義元の娘と結婚するのに備え、天文二十年(一五五一)四月二十九日に台所の柱が立ち、八月二十三日には「御曹司様《おんぞうしさま》」(義信)の西の御座が建てられはじめた。天文二十一年六月二十一日、義信の対屋《たいのや》の棟上げがなされ、十一月に義元の娘がやってきた(『高白斎記』)。

天正四年(一五七六)六月一日に武田家は「御印判衆」に、帯那郷《おびな》(甲府市)に要害城の普請を毎月三日ずつ行うように命じた(山七〇六)。堀切《ほりきり》(地を掘って切り通した堀)と土塁《どるい》(土を盛ってつくった塀)を主に防御装置とする山城の要害城は、常に修理を加えなければならなかったのである。

天正七年(一五七九)十一月二日、勝頼が陣中から府中留守衆に与えた指示には、館中をはじめとして甲府内外の火の用心に注意し、積翠寺の用心をとりわけするように、裏方の男衆の仕置きをしっかりさせ、小座敷衆は油断なく奉公するようになどとあり(山一〇二)、甲府の管理や取り締まりに留意していたことが知られる。

いざという時には、要害城が最後の砦として大事だったのである。

東西一二〇メートル、南北一三〇メートル——館の主郭部

躑躅ヶ崎の館は天正九年（一五八一）に勝頼によって廃絶され、武田家滅亡後に織田信長を迎えるにあたって居館跡に御殿が造られた。本能寺の変後に甲斐を押さえた徳川家康は平岩親吉《ひらいわちかよし》を城代とし、十八年まで甲斐統治をしたが、この間に一条小山に新城（甲府城）を築城した。城が完成するまで、親吉は躑躅ヶ崎に住んだのであろう。つまり現在の躑躅ヶ崎館は勝頼によって廃棄され、その後手を入れ直したものであって、主郭北西隅にある天守台とよばれる一画の石垣もこの時に造られたと推定される。したがって現在の表面的な遺構からは、戦国時代の姿を見ることはできない。

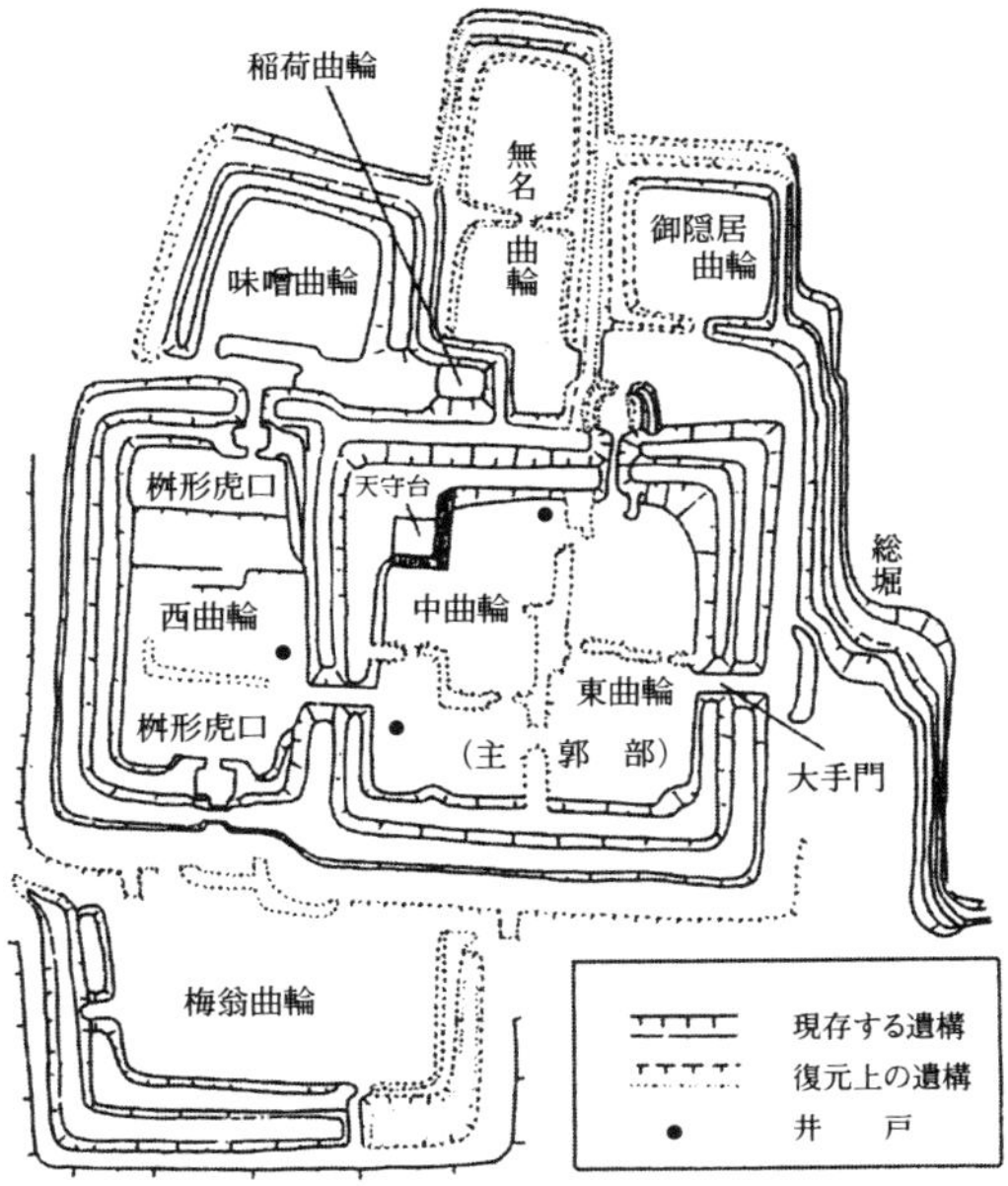

武田氏館跡曲輪配置図（「史跡　武田氏館跡Ⅲ」をもとに作成）

西曲輪の北側に設けられた味噌曲輪《みそぐるわ》の土塁底部の発掘遺物からすると、この土塁は武田家滅亡後に作られた可能性が高

く、信玄の時代は主郭部（東曲輪と中曲輪）、それに西曲輪からなる方形の館だった。外側から見ると四角になっていて、外側を堀で囲み、内側に土塁を設けた館が京の将軍邸を模範とした当時の典型的な守護の館であるが、その規格に従って躑躅ヶ崎館も築かれたのである。

現在武田神社が鎮座している場所が信虎の代に造られた館の主郭部にあたり、東西一二〇メートル（＝一町強）、南北一三〇メートルの広さを持つ方形の曲輪で、高さ三〜六メートルの土塁と幅一五〜二〇メートルの堀に囲まれている。内部は東曲輪と中曲輪に分かれ、東曲輪は東と北に門を設け、東門を大手としていた。東と西の虎口《こぐち》（城郭などの出入り口）はまっすぐに曲輪の中に入って行ける平入《ひらいり》虎口で、古い形態をとどめる。東側の門に入る土橋は幅八・六メートルもある。その東側にあたる外部正面には土塁が設けられていた。中曲輪は西に門があった模様で、西曲輪と土橋でつながっていて、本来的に平入り虎口だったようである。

一乗谷の朝倉館は城山裾に接する東を除く三方に土塁と堀をめぐらす約一二〇メートル四方の規模であるが、躑躅ヶ崎館もほぼ同じ大きさといえる。一町（一〇九メートル）四方の方形が、当時の守護館として典型的な大きさであった。大きさ自体がシンボル性を持つといえよう。換言するなら、屋敷の外形も建物配置も当時の社会の約束ごとによって作られていて、武田家の独自性はほとんど見られない点にこの館の特徴がある。

西曲輪

主郭の西に広がるのが信玄の代につくられた東西六七メートル、南北一二〇メートルの西曲輪である。中央にはかつて曲輪内を南北に二分する土塁が存在したが失われ、現在この部分に約一メートルの段差がある。南北に虎口が設けられ、その形態は枡形《ますがた》（枡のような四角い形で敵の直進を妨げ、勢いを鈍らせる）になっている。表面遺構からすると主郭部分より新しい防御形態である。堀と虎口の間は現在土橋になっているが、本来は木橋だったようである。

堀と土塁の遺構は中曲輪の場合、堀底から土塁上面までの高さが一五〜一六メートル、曲輪の内部から土塁の上までも高さ三〜六メートルにも及ぶ。これは武田氏滅亡後も繰り返された改修の結果であって、武田氏の時代にはこれほど土塁は高くなかった。当初はこの土塁上に塀が設けられていたのではないだろうか。

ちなみに土塁は版築《はんちく》（粘土を棒で突き固めていく工法）によって丹念に形成されている。南の水堀に接する土塁は土がすくわれたり流れたりするので、石がしっかり敷き詰められている。また土塁の底部には補強のために石が配置されており、経験を積んだ技術者が築いたと推定される。

堀は多くが水堀になっているが、現在北側は空堀《からぼり》である。この堀は近世以降農業用の溜め池としての意義を有した。おそらく戦国時代も堀の水は同様に周囲の水田にも供給され、それが武田氏の地域の住民支配ともつながったのであろう。

館に入る

前述のように躑躅ヶ崎館はいったん破却され、その後徳川氏によって造り直された。しかも大正四年（一九一五）から翌年にかけて武田神社の社殿造営の際に、中心部の高い地形の遺構は削られ、低い部分が埋められた。この際、南側の土塁が壊され、橋が新築されて、正面に入り口が設けられた。こうした経緯によって武田時代の遺構は破壊されており、発掘でも礎石などを見いだすことができず、館内部の建物配置がほとんどわからない。そこで戦国時代の館は、恵林寺が所蔵する「甲州古城勝頼以前図」（これにも味噌曲輪など疑問がある）や、検討の余地がある永禄年間（一五五八～七〇）の古図といわれる「信玄公屋形図」（桜井広成氏蔵、これも検討の余地がある）、それに一乗谷朝倉館の遺構などを参照しながら、想像していくしかない。

とりあえず、わかっていることを基礎に館の中を逍遥しよう。

東側の大手は土橋でまっすぐ館内に結ばれるが、その土橋の石垣の形態は古く、当初のものの可能性がある。土橋を進むと土塁の間に礎石が残っている。これが武田時代の遺物かどうか確定できないが、入り口に門があったことは確実である。

門を入ると広場になっており、南側には射場と広場が設けられていたようである。広場は儀式の空間であり、ここに面して主殿（寝殿または表座敷・客殿）が設けられるのが通例である。『高白斎記』によると天文十三年（一五四四）三月十三日に主殿の柱が建ち、二十七日に棟上げがなされ、十二月二十二日に信玄が主殿へ移り、祝儀の酒宴をはった。『甲陽軍鑑』によれば信玄が大僧正になった時、主殿で論議があった。したがって広場も主殿もハレの空間といえる。

ちなみに館の内部からは遺物としての瓦は出ていない。当然ではあるが当時の館内の建物には瓦は用いられず、屋根は檜皮葺《ひわだぶき》もしくは柿葺《こけらぶき》だった。そして建物は書院造りを基本にして建てられていた。

武田家は伝統に沿いながら、京都の将軍家や公家などの屋敷を模倣し建物を作っていたのである。

山水と会所

大永六年（一五二六）に山水が作られたが、『甲斐国志』は中曲輪で石面四、五尺（約一・五メートル）以上のものが数枚有り、仮山の跡と見えると記している。江戸時代には表面からも築山の遺構が知られたのである。平成七、八年度（一九九五、九六）に実施した試掘調査によれば、第一トレンチ（試掘溝）の北側、現地表面下一・五〜二メートルで庭園の池と判断される遺構が出ている。『甲陽軍鑑』によれば新府城に移る折、躑躅ヶ崎の御殿はことごとく引き破り、泉水の植木とともに、一抱えも二抱えもある名のある松の木などを伐り捨てたというので、それ以前にはさぞかし立派な庭がしつらえられていただろう。

庭園とセットになるハレの空間として会所がある。会所については『高白斎記』などに姿が見えているが、ここで集会や寄り合いをした。寛永《かんえい》三年（一六二六）に書かれた小池（長野県松本市）と内田（同）に関わる争論に際して躑躅ヶ崎の館で出てくるのは、御料理の間、御弓の間、馬屋の北三軒目であった。この内御料理の間と御弓の間は会所にあったのであろう。

『高白斎記』の天文二十一年（一五五二）十二月の条に「御能楽屋」が記されているが、これも館の中、おそらく庭に設けられたものであろう。重要な客が来訪する時などには能が演じられたが、そのための建物もあったのである。

信玄は年未詳七月四日に愛宕山《あたごやま》西坊へ、お札の礼を述べ、いよいよ当社権現の神力を借り、武運長久を保てるように祈ってほしいと求めた（山四一七）。この「愛宕山」は館内に祀られていた愛宕権現の別当寺である宝蔵院《ほうぞういん》を指す。

「甲州古城勝頼以前図」には主郭の北側の入口のところに毘沙門堂《びしやもんどう》前とある。北東の鬼門に当たる位置に毘沙門堂が設けられていたのである。『甲陽軍鑑』によると建築したのは永禄十一年（一五六八）で、義信の御殿を破却した跡に建て、はさみ築地・唐門を持ち、いずれも檜皮葺で田舎にはまれなる普請《ふしん》で、信玄の出家衆との対面はここでしたという。また、永禄十二年（一五六九）信玄は伊豆・駿河攻撃から帰り、七月初めに毘沙門堂において歌道者を召して和歌の会を開いたので、毘沙門堂はハレの空間でもあった。

ケの空間

館にはハレの空間のみならず日常のケの空間も必要である。その代表が常の間で、天文十二年（一五四三）三月二十日に柱が立ち、四月六日に棟上げがなされ、信玄は十月二日にここへ移った（『高白斎記』）。『甲陽軍鑑』に、天正六年（一五七八）正月十五日に勝頼のくつろぎ所の小庭に馬の首が二つあらわれたように見えたため、土屋昌恒が白州《しらす》に下りて確認したとあるので、勝頼のくつろぐ建物の前には白い砂が敷いてあったようである。ある年の十二月、信玄は駿河の今川氏から贈られた藤原定家筆の『伊勢物語』を取り出し、御看経所《ごかんきんしょ》（お経を読む場所）の次の座で読んだ（『甲陽軍鑑』）というので、看経所も用意されていたといえる。

武田家の重宝である御旗と楯無を置くため、別棟で御旗屋が建てられていた。『甲陽軍鑑』によれば天文十六年（一五四七）十月十九日にここから火事が起きたが、御旗の別当山下伊勢守が消したという。

信玄は義信との関係が悪くなると用心のために便所を京間六畳敷にし、畳を敷いて、風呂屋の縁の下から樋を掛け、風呂屋の下水で不浄を流すようにした。また香炉をおいて、香箱に沈香を割り入れ焚いたという（『甲陽軍鑑』）。生活のためには便所や風呂が必要で、それが用意されていたことが知られる。右によれば信玄の便所は水洗であるが、風呂にも生活用にも水が必要である。井戸跡は東曲輪には北の隅と南西に、また西曲輪には主郭から土橋をわたったすぐ北側に残っている。

天文二十四年（一五五五）に台所の柱が立ったが、台所は家である以上必須である。永禄二年（一五五九）以前に信玄は某へ裏の台所への塩荷物について諸役を免除した（山五八二）。台所は表に対する裏として理解されていたのである。

このほか当主の用いる馬を飼育する馬屋、資材をしまっておく蔵などもあった。主郭においては大手門のある東側に公的なハレの空間が、西側には私的なケの空間が広がるので、これらは西側に設けられたものであろう。さらに、館の外を見たり、攻めてくる敵に上から矢などを射かけるための櫓《やぐら》も、内部に設けられていた。

ちなみに「甲州古城勝頼以前図」には、主郭の北側の虎口を入ると、土塁の背後（曲輪の内部）毘沙門堂の西側に「立石《たていし》アリ」と記されている。この当時館を守ってくれる神や先祖の霊が立石にこめられていたので、この石はそうした役割を帯びていた可能性が高い（笹本正治『鳴動する中世』）。

主郭の西側に広がる西曲輪は、天文二十年（一五五一）に義信が今川義元の娘と結婚するのを契機に設けられ、翌年六月二十一日、義信の対屋の棟上げがなされた（『高白斎記』）。義信が亡くなってからこの曲輪には当主の夫人が住み、また人質がおかれたという（『甲斐国志』）。ケの空間である主郭の西側につながるということで、ケの空間として用いられたのである。

年中行事

戦国大名の日常生活の中でもぜひ知りたいのは戦国大名が一日をどのように過ごしていたかである。また一年の場合にはどのようなものであったかも興味ぶかい。

年未詳正月五日、信玄は諏訪大祝《おおはふり》(諏訪上社の生き神のような人)に、神前において心をこめて改年の祈念をした御玉会《おたまえ》ならびに太刀一腰を贈られてめでたい、こちらからもお礼の太刀一振りを進ずるので、今までにもまして武運長久の懇祈を頼むと書状を送った(⑫二六三)。年末詳正月七日にも、巻数《かんじゅ》(祈禱のために読誦した経典・陀羅尼《だらに》などの名と回数を書いた目録)と太刀を贈られたので、太刀一振りを返している(⑫二六三)。諏訪上社からは毎年正月になると、神前で祈りをこめたお守りの類が信玄のもとに送られてきたのである。

当然正月には儀礼があった。『甲陽軍鑑』には天文七年(一五三八)正月元日に信虎が信玄に盃を遣わしたとあるが、家族での盃ごとや家臣との挨拶、振る舞いがなされたであろう。

年の初めの正月七日には、初めて弓を射る武家の儀式が躑躅ヶ崎の館でも行われていた。武家の技能が儀礼としても息づいていたのである。

『甲陽軍鑑』によれば、信玄は家中の諸侍の礼三箇条として、「一に諸人武運のために、護摩《ごま》(密教で護摩壇を設け、護摩を焚いて息災・増益・降伏・敬愛などを本尊に祈ること)仰せ付けられ修し給うこと、二によき忠節の武士、死たる弔い仰せ付けらる、卒塔婆《そとば》など立て給うこと、三に御家中討死の衆に、七月十四日十五日には御主殿に棚を飾り、御回向《えこう》(仏事を営んで死者の成仏を祈ること)あそばす事」と命じた。

七月十四日、十五日といえば盆に当たる。この時躑躅ヶ崎の館では、討死した者たちのために、死者の成仏を祈る回向がなされたのである。同時に祖先の冥福を祈ることも行われていたであろう。

このように、現在も我々が行っている年中行事の多くが、躑躅ヶ崎の館の中でも営まれていたのである。

生活規範と事件

「早雲寺殿《そううんじどの》二十一箇条」に、朝は早く起きるように、遅く起きれば召し使う者までが油断し、使うことができず、公私の用を欠くことになる。夕方には午後八時ころ以前に寝静まるようにせよ。夜盗は必ず午後十一時ころから午前三時ころまでに忍び入るものなので、宵に無用の長雑談をしていて、この時刻に寝入ると家財を取られて損亡するのは外聞がよくない。起きていれば宵にいたずらに焼き捨てることになる薪・灯を取っておいて、午前三時から五時ころに起き、行水し、神仏を拝して、その行儀をととのえ、その日の用事を妻子や家来の者共に申し付け、午前六時ころ以前に出仕するようにせよ。古語には「子《ね》（午前零時）に臥し寅《とら》（午前四時ころ）に起きよ」と言うけれども、それは人によって違うものである。すべて寅に起きて徳分があるようにせよ。午前七時ころから十一時ころまで寝ていては、主君への出仕・奉公もできず、自分の用事もできない、などと記されている。

これは北条早雲《ほうじようそううん》の心がけであるが、おそらく戦国大名の多くは同様の意識で行動していた。特に神仏の礼拝などは武田家でも重要だったろう。

日常の中に事件も起きた。『高白斎記』によれば、天文十九年（一五五〇）五月十五日、茶の木の畑で狐が鳴いた。二十三日に義信が台所に出た時、源七と小六が酔狂で喧嘩をし、新三郎が傷を被った。この時義信も危うく難を受けかかったと推察される。この危険を報せるために狐が鳴いたと高白斎は考え、記録したのである。現在躑躅ヶ崎館の遺構の北側に稲荷曲輪と呼ばれる場所があるが、稲荷の使いとしての狐信仰があったのであろう。

天文二十年（一五五一）二月一日、信繁に吉田の名字が与えられ、お祝いがなされた（『高白斎記』）。信玄の弟ということで、分家のために吉田の名跡が与えられたのである。

先に見たような年中行事やさまざまな儀礼などが、館では執り行われた。それと同時にささやかな出来事や、人々が泣き、笑いする毎日が館の中では繰り返されていたのである。

掘り出された道具

さまざまな儀礼や年中行事などにおいては飲食が付き物である。その情報は躑躅ヶ崎の館跡から出てくる遺物が伝えてくれるので、それをもとに武田家の日常生活に迫ろう。

中曲輪から出土した陶磁器の総量に対する輸入陶磁の比率は四三％である。中国の建窯《けんよう》系の天目《てんもく》茶碗の口縁部、端反皿《はぞりざら》や小皿などの白磁、香炉・酒会壺《しゅかいこ》・碗などからなる青磁、内底面に雲竜文を描いた皿・碁笥《ごけ》底皿・盤などの染付《そめつけ》といった多様なものが出ている（『山梨県甲府市　史跡武田氏館跡Ⅰ』甲府市教育委員会）。

注目されるのは中国元《げん》の染付の破片が出ていることである。元は十三、四世紀の国であるから、戦国時代からすれば二、三百年も前の時代に作られたものである。元の染付は当時骨董品として珍重され、身分の象徴とされただけに、同じような陶磁器が出るのは重要な城下町と寺院である（小野正敏『戦国城下町の考古学―一乗谷からのメッセージ―』講談社選書メチエ）。躑躅ヶ崎の館の中でも武田家の富と身分を示すように、骨董品としての陶磁器が並んでいた。そしてそれを目利きし、管理する者として同朋衆も用意されていたのである。

中曲輪から出土した遺物の八六%はカワラケ（釉薬《うわぐすり》を用いずに焼いた素焼きの陶器）である。カワラケは儀礼で酒を飲む時に一度だけ用いられる、いわば使い捨ての清浄な器である。その出土は館が儀式空間として用いられていたことを示し、戦国大名の館なら出土すべき遺物といえる。

出土したカワラケはすべてろくろ形成で、底面にはろくろを用いた回転糸切りによる切り離し痕が残る。胎土《たいど》（本体を形作っている粘土）が緻密で薄手のものと、粗い胎土で厚手のものと、胎土はやや粗く薄手のものの三系統に大別されるが、ほとんどが厚手のいわば田舎作りである。カワラケを用いて酒を飲む儀礼は京都文化の導入であるが、京都を中心とする世界では手づくね（ろくろを用いずに指先で粘土をこねて作る）カワラケで、その両側にろくろカワラケが見られる。東国では京都の文化がすべて導入されたわけではなく、細部では独自性を持っていたが、躑躅ヶ崎の館のカワラケは東国の文化の典型をなしていたのである。

また火鉢・擂鉢《すりばち》（捏鉢《こねばち》）・内耳鍋《ないじなべ》などの土器も出ている。擂鉢は素焼製品と、瀬戸・美濃系の鉄釉を施釉したものが出土している。粉食が多かったこともあって、擂鉢や石臼は居館からは必ず出土する。火鉢や鍋をも含めて、内耳鍋は調理をするのになくてはならない道具で、日々の生活のぬくもりが感じられる。

火鉢も各地点で出土し、口縁部に菊や菱形状の文様を印刻したものもある。冬に底冷えのする甲府では、暖房道具として火鉢を欠くことができなかったであろう。

石製品として硯・茶臼・穀臼などが出ている。政庁でもある躑躅ヶ崎館で書類を作ったり、日常に書を書いたりするため硯は重要だった。

身につけるもの

年末詳の十月、信玄は小園八郎左衛門尉に京都において絹布以下の用事を一人に申しつけるので、いよいよ堅く奉公をするようにと命じた（山五八二）。小園が京都から直接運んだ絹布などでできた衣料を、武田家の人々は身につけていたといえよう。少なくとも身につける物が身分を示すので、海外からもたらされたり、京都で作られた高級品を中心に着ていたのである。

甲州市の恵林寺には重要文化財の指定を受けている銘来国長《らいくになが》の太刀がある。国長は鎌倉から南北朝時代にかけて、初代と二代が京都に居をおいたが、初代の作である。この太刀は信玄が佩用《はいよう》したと伝えられ、宝永《ほうえい》年間（一七〇四～一一）に柳沢吉保《やなぎさわよしやす》が寄進した。刀も身分に似合った物を身につける必要があったのである。

その風体は？

信玄の風体をよく伝えているのは、高野山持明院《じみょういん》が所蔵する画像である。そこには侍烏帽子《さむらいえぼし》をつけ直垂《ひたたれ》姿の若き日の信玄が描かれているが、直垂には二羽ずつ舞う鶴が描かれ、大きな花菱が見られる。花菱がなければ武田家の人物だとわからないので、家紋によってそれを示したのである。戦国大名の威厳に満ちた姿は衣類などによって演出されていた。

一方勝頼と家族の状況は同じ持明院が所蔵する武田勝頼・同夫人・信勝画像に伝えられている。勝頼と信勝は肩衣を着用し、ともに正面に花菱が見られる。夫人は小袖の上に色鮮やかな表着を打ちかけている。

彼女は立て膝であるが、当時はこの座り方が正式だったのであろう。

彼らにとっては何を着るという選択はほとんどなく、身分にしたがって衣類は限定され、その装飾模様までもがほとんど固定していた。衣類の材料やあつらえは輸入品や京都で仕立てられた物が多かったであろうが、現在の我々が考えるファッションとはまったく異なったところに価値があった。基本的には身につける物すら政治の道具であり、地位を表象していたのである。

食べ物さまざま

年未詳七月十日、信玄は裏の台所へ塩荷物を運ぶ場合、一月に二駄ずつ諸役を免除した（山五八二）。塩は人間の生存に必須であるが、当然それは調理用として館の台所にも運ばれていた。

年未詳三月十日、信玄は魚の奉公をする坂田源右衛門に諸役を免除した（山一四二）。また天正九年（一五八一）九月二日に武田家は熊野堂《くまのどう》（笛吹市春日居《かすがい》町熊野堂）の次郎右衛門に、「御肴《おさかな》御調進致すについて」棟別銭を免除した（山五六三）。勝頼は年未詳の三月十三日、中郡筋の河野但馬守《たじまのかみ》に、鮒《ふな》や雑魚《ざこ》を捕らせて明晩進上するよう命じたが（山八八八）、山国の甲斐では淡水魚も大事で、鮒や雑魚も勝頼の食卓に上ったのであろう。いずれにしろ、魚は戦国大名の食卓をにぎわしたのである。

永禄十年（一五六七）十二月十七日、信玄は渡辺越前守に河口湖のいずれの浜でもいいから、白鳥を捕って進上せよと命じた（山一六〇二）。天正三年（一五七五）二月十三日には彼へ勝頼も同じ命令をしている（山一六〇三）。白鳥は儀式などに用いられる重要な食材でもあった。

大永七年（一五二七）六月二日、信虎が高白斎の許にやってきて魚や鳥を捕った（『高白斎記』）。これは遊びと思われるが、その獲物は彼らによって食されたのであろう。

天正四年（一五七六）七月三日、勝頼は塚原五郎左衛門尉に坂木（長野県埴科郡坂城町）蔵番役を命じ、当秋から松茸《まつたけ》を進上させた（⑭一六八）。当時は現在ほど貴重な食材ではなかったであろうが、松茸を勝頼も食べていたのである。

これらは古文書の世界に見える食物であって、実際の食事としては実にさまざまなものを食べていた。たとえば天文二十一年（一五五二）に今川義元の娘が輿入れした折、家臣には麵が振る舞われたが（『高白斎記』）、麵は当時高い頻度で食べられた。

一方、戦国大名が食した料理の中には当時の庶民ではとうてい口にできない物も多かったろう。また、儀式の際には、儀礼にかなったものを食膳に載せていた。

『甲陽軍鑑』によれば、信玄時代にお台所の頭は前島加賀守と大島惣兵衛で、このほかに十人がいた。専門の料理人によって武田家の食事は作られていたのである。

戦国大名は戦争に出ることが多かった。そこでは日常的なしっかりした食事はとることができなかった。天文十一年（一五四二）三月二十九日に信玄は御射山《みさやま》（長野県諏訪郡富士見町）に陣所を構え、ここで鶉《うずら》を捕って調理して食べた（『高白斎記』）。天文十四年六月十三日、信玄は箕輪《みのわ》（長野県上伊那郡箕輪町）を発《た》って塩尻（長野県塩尻市）に陣所を構えたが、高白斎はそこで鶉を捕らえて進上した（『高白斎記』）。陣所では近くで捕らえられた鳥や獣なども食べていたのである。

戦場においては満足な食事もとれないまま、合戦に突入することも多かったといえる。

3　甲斐文化

儒学と卜占

私たちの日常生活においては娯楽や教養がしめる部分が大きい。趣味のために人生を送っていると主張する者すらある。戦国大名も我々が娯楽や教養としてあげる和歌や茶の湯など文化を多く学んでいるが、彼らにとってそれは娯楽や教養などでなく、むしろ自らの地位を高めたり、領国を統治する手段であった。

宗杲は信玄を「仁道や寰中に鳴る、卜筮《ぼくぜい》は熊に非ず、覇王の佐を渭北に獲たり、徳輝は鳳に儀る、君子の国を日東に開く」と評したが、彼の仁道や徳の基本は儒教から来ていた。甲州市の熊野神社には信玄が座右に置いた紙本着色欹器《きき》の図が伝わっている。『甲斐国志』によれば、この絵は同じく熊野神社に伝わる信玄が書いた渡唐天神像とともに、勝頼が寄進したものである。

欹器の図とは『荀子《じゅんし》』の「宥坐篇《ゆうざへん》」の冒頭の説話を絵画化したもので、孔子が魯《ろ》の桓公廟《かんこう》で目にした傾いた器（欹器）は、水が空の時は傾き、ほど良く入っているとまっすぐになり、満ちると覆《くつがえ》ってしまうように作られていて、満をいさめ中庸を尊ぶ訓戒を示した。「宥坐」とは「座右」の意味で、信玄はこの絵を見て自戒していたと伝えられる。信玄の何事も中庸がよいとする考え方は、日夜この絵を見ながら結実したのであろう。先に天文十四年（一五四五）に信玄が多賀大明神にあてた願文に触れたが、そこにも記されているように信玄は文徳と武運を求めた。文徳は人民を教化する徳であり、そのためには儒学が必要だった。攲器《きき》の図を座右に置いたとは、文徳をもって統治しようとする信玄らしい逸話といえよう。

ここに表れるように信玄の儒学の理解は深く、それを政治姿勢に取り入れた。儒学が戦国時代の教養として重要だったことは、永禄元年（一五五八）に信繁が長子信豊《のぶとよ》に与えた置文に『論語』が多く引用されていることでも明らかである。

第二章「3　勝利のために」の中で、「占に従う」を取り上げた。戦国大名はことあるごとに占いを行って行動の指針としたので、自身も直接占いができるか、深い造詣を持たねばならなかった。『甲陽軍鑑』は信玄が発心して仏門に入った理由の一つに、彼が本卦豊《ほんけほう》（易で生まれ年の卦が豊）であることを挙げている。易を行うためには、『易経《えききょう》』の素養が無くてはならなかったが、易は戦国大名が戦争で勝ち、領国を治めていく手段だったのである。

和漢連詩

宗杲が信玄について「槊を横たえて詩を賦するときは、蘇新黄奇の句工を学び、毫を揮いて紙に落とすときは顔筋柳骨の神法を得たり」と述べたほど、彼の漢詩は高い評価を受けた。

『甲陽軍鑑』は若いころの信玄が学僧を集め詩会を催し、作詩に耽って国務を顧みなかったので、板垣信方《のぶかた》が注意しようと密かに詩を学んで諫めたとの逸話を伝えている。天文二十年（一五五一）六月に南禅寺前住の仁如集尭《にんじょしゅうぎょう》は大徳寺の材岳宗佐《ざいがくそうさ》の嘱に答え、信玄が作った十七首詩巻の跋《ばつ》（あとがき）を書いて、信玄の詩作をたたえた（大泉寺文書）。実際『甲陽軍鑑』の逸話が出るほど、信玄は漢詩にも巧みであった。

当時の社会において漢文に巧みであることは、現在の社会で英語を学ぶ以上に重要なことで、漢文の素養がなければ儒教も学べなかったのである。

武田信繁の置文に「歌道嗜《たしな》むべき事」とあるように、戦国時代の武将にとって和歌も必須であった。永正十四年（一五一七）、連歌師柴屋軒宗長《さいおくけんそうちょう》は今川氏親から信虎との和議を成立させるように依頼され、五十日をかけてこれを成功に導いた（『宇津山記』）。このように和歌の宗匠が外交使節としての役割を負うことが多かったため、交渉のためにも和歌を戦国大名も学ばねばならなかった。

天文十五年（一五四六）七月二十六日、信玄は当時甲府に来ていた三条西実澄《さんじょうにしさねずみ》と四辻季遠《よつつじすえとお》を主客として、積翠寺において和漢連句の会を催した（積翠寺文書）。また天文二十一年五月六日の連歌では、発句を信玄が行っている（『高白斎記』）。

甲斐国二宮の美和《みわ》神社（笛吹市御坂町二之宮）には板絵《いたえ》着色三十六歌仙図が伝わる。柿本人麻呂図には「源朝臣晴信大檀那《おおだんな》御武運長久・御子孫繁昌」、紀貫之《きのつらゆき》図には「大旦那源朝臣義信御武運長久・御子孫繁昌」などとあり、ともに永禄六年（一五六三）六月二十八日に描かれた。また窪八幡神社（山梨市）にも板絵着色三十六歌仙図があり、『甲斐国志』によれば天文十四年（一五四五）に信玄が箕輪城（長野県上伊那郡箕輪町）を攻めた際の立願によって、直筆にて奉納したとする。

『甲陽軍鑑』によれば、信玄は三河国長沢（愛知県豊川市長沢音羽町）から安田香清《やすだこうせい》という連歌に堪能な者を、岡田堅桃斎《おかだけんとうさい》の肝いりで甲府に召し寄せ、扶持を与えた。また、永禄九年（一五六六）春に信玄が大僧正に任官された際、一蓮寺で開いた歌の会では、相伴《しょうばん》（正客に陪席して饗応を受ける）したのが小笠原慶《おがさわらけい》安《あん》（御伽衆）、長遠寺師慶《ちょうえんじしけい》（御伽衆）、一花堂《いっけどう》（御伽衆・連歌の宗匠）、岡田堅桃斎《おかだけんとうさい》（御伽衆・連歌の宗匠）、寺《てら》島甫庵《じまほあん》（御伽衆）、長坂長閑《ながさかちょうかん》、以下検校《けんぎょう》（盲人の最高位の官名）ともに十二人、次の座には逍遥軒信廉《しょうようけんのぶかど》、武田信豊、勝頼、穴山信君、川窪信実《かわくぼのぶざね》、一条信龍の他六人の一門衆、縁には大蔵大夫（金春《こんぱる》喜然）、同彦右衛門という猿楽師が集まった。信玄は多くの師匠を抱えるとともに、歌の会を通じて一族の結束などをはかった。和歌が人のつながりを促進し、一見文化サークルに見えるような人のつながりと和歌の会が、政治を決めていったのである。

和歌は京都と同じ文化の中に身を置く意味でも戦国大名にとって重要だった。また和歌は単なる教養でなく、明智光秀《あけちみつひで》が本能寺の変の前に自分の心を読み込んだように、言霊《ことだま》によって言葉通りの事象がもたらされると信じられ、未来を引き寄せる呪術の意味も含んでいた。だから戦国大名は戦争の前などに希望を和歌に託したり、政治をするにあたって統治者としての理想をこめて歌を詠んだりしたのである。私たちが考える芸術としての和歌とは、その持つ意味も違っていたといえよう。

茶の湯と鷹狩り

和漢連歌は文化儀礼であって、戦国大名が京の文化人と同じ文化を体得していることを示す役割をも有した。高い文化を身につけていることが、領国民への威厳となり、統治をする正当性の根拠にもなった。これと同様な意義を持つ文化に茶の湯と鷹狩りがあった。

茶の湯は用いる道具によって自己の経済力や文化的地位を示し、作法や道具は日本全国で通じる文化的物差しとなった。戦国大名は茶会を通じて人と結びつき、会話をしたり、政治を練ったりした。戦国大名にとって茶の湯は本人が好きであろうがなかろうが、身につけなくてはならない教養だったのである。

甲府の大泉寺には信玄愛用と伝えられる茶臼があり、宝物帳には「信玄寄進疣麿茶臼《いぼまろ》」とある。躑躅ヶ崎館からも天目茶碗や茶臼などが発掘されており、いかに茶が日常的に嗜まれていたかを伝えている。また、館の近辺に茶畑があったことは既に記した。

『甲陽軍鑑』によれば、信玄の時代には茶堂坊主頭として福阿弥と春阿弥がおり、彼らの寄子《よりこ》として同《どう》朋《ぼう》二十人がいた。彼らは連歌の師匠と同じ役割を負うために、信玄に抱えられたのである。

鷹狩りも教養であり、これを行うことが富や権力を示すことになった。信繁の置文に「鵜鷹逍遥《しようよう》の事、余りに耽《ふけ》るべからず」とあるのは、鷹狩りが耽溺《たんでき》しやすい魅力を持っていたからであろうが、漢詩に耽った若き信玄を思い起こさせる。

大永五年（一五二五）三月十日、北条氏綱《ほうじょううじつな》が長尾為景《ながおためかげ》に鷹を所望したところ、途中で甲州に押し留められた（新一―八三、五五八）。信虎が鷹を奪い取ったらしいが、当時いかに鷹が特別な贈答品であったかこの事件は示している。

天文二十二年（一五五三）十一月二十九日、武田家は金丸宮内丞に、兄鷹《しょう》を進上したことを理由に普請役、徳役などを免除した（山一―三三七）。永禄十一年（一五六八）五月十日付の仏師原《ぶしばら》郷（現・武士原、甲州市塩山三日市場）の棟別帳では、巣鷹進上により家一軒分の棟別銭徴収が免除されている（山二―八〇）。このように武田家では領国の中で鷹を手に入れるシステムまでができていた。

『甲陽軍鑑』によれば天正十年（一五八二）三月十一日に勝頼が自害したとき最後まで供をしたのはわずか四十四人であったが、その中に「御鷹師」が見える。戦国大名にとって鷹狩りは、まさしく死のときに至るまで手放し得ない象徴性をもつ行為だったのである。高野山成慶院に伝わる長らく武田信玄像とされてきた長谷川等伯《はせがわとうはく》が書いた画像は、能登《のと》の畠山義続《はたけやまよしつぐ》だとする説が強いが（加藤秀幸「武家肖像画の真の像主確定への諸問題」『美術研究』三四五・三四六号）、人物の背後に鷹が描かれており、戦国大名にとって鷹の持つシンボル性が読みとれる。

猿楽能

館の中に御能楽屋が設けられたことでも知られるように、武田家当主にとって能も連歌や茶の湯とならぶ教養であった。『甲陽軍鑑』に「能之次第」が細かに記されているごとく、武士にとって能は娯楽であり教養であったから、武田家でも対応したのである。

『妙法寺記』によれば大永五年（一五二五）府中へ猿楽《さるがく》が下り、日々能があった。翌年信虎は猿楽を呼び下し日々楽しんだ。元来滑稽な物まね芸であった猿楽は鎌倉時代に入ると歌舞寸劇的要素が付加されて猿楽の能と呼ばれ、室町時代には観阿弥《かんあみ》・世阿弥《ぜあみ》父子がこれを大成し、室町幕府の式楽となっていたのである。

天文十九年（一五五〇）十二月九日、「大蔵太夫」が能を行った（『高白斎記』）。『甲陽軍鑑』によれば信玄は戸石合戦（長野県上田市）から帰陣して、大蔵大夫を召して館において三日間能見物をした。戸石合戦で武田軍が手痛い敗戦を喫したのは天文十九年十月一日なので、『高白斎記』の記載はこの能を指しているのかもしれない。

金櫻《かなざくら》神社（甲府市御岳町）には武田勝頼・仁科盛信（勝頼の弟）奉納の鼓胴が伝わっている。大胴を勝頼が、小胴を盛信が奉納したと伝えているが、蒔絵の装飾性に富んだものである。同じ金櫻神社に伝えられる八面の能面は、勝頼奉納の「イセキの面」とされ、そのうち二面に井関の銘、一面に出目《でめ》重満《しげみつ》の銘が見られる。

戦国大名にとって能は自分が京文化に連なっているのだと示す手段でもあった。そのためにはそれを行う能楽者を抱えねばならず、また抱えた者が自己の権力と文化の誇示にもつながったのである。

信玄の代に武田家に仕えた猿楽衆は観世大夫と大蔵大夫で、両方の座を合わせて子供を含み大夫ともに五十一人であった。この内名人は大蔵大夫で、同じく彦右衛門はワキ、みやます弥右衛門は小鼓、こうの孫二郎と長命勘右衛門は狂言で有名だったという。信玄が大僧正に任官されたとき催された歌会には、大蔵大夫・同彦右衛門という猿楽の者が参加していた。大蔵大夫とは大蔵信安（金春七郎喜然）のことで、彼の長男の新蔵は小姓衆として長篠合戦で討死した。次男は江戸幕府初期の代官頭・奉行として有名な大《おお》久保《くぼ》長安《ながやす》である。

書　画

信繁置文に「手跡嗜むべき事」とあるが、文字も文化の一つで立派な書を書くことは人格までを現すとして、当時高く評価された。宗杲が信玄の書法を「毫を揮いて紙に落とすときは顔筋柳骨の神法を得たり」と述べたように、信玄の直筆と伝えられる書は、なかなかの品性と味を持つ。

書とならぶのが絵画である。信玄弟の逍遥軒信綱《しょうようけんしんこう》（信廉）は絵画に秀で、彼が父信虎を描いた画像（大泉寺所蔵）や母の信虎夫人を描いた画像（長禅寺所蔵）は、重要文化財に指定されている。

信玄も画才を持っていたようで、恵林寺にある紙本着色渡唐天神像は信玄の筆と伝えられ、恵林寺の快川が賛を著している。また一蓮寺の紙本着色渡唐天神像は慶長二年（一五九七）の年記をともない鉄山宗鈍《てつざんそうどん》の一筆になる賛があるが、それによると、この絵は武田家に伝来した兆殿司《ちょうでんす》こと明兆《みんちょう》（一三五二～一四三一）筆の渡唐天神像を、信玄が模写して一蓮寺に寄進したものだという（『山梨県史』文化財編）。

明兆の絵などは儀式に際してかけられたのであろうが、骨董品としての絵画を所有することも文化的地位を示した。儀礼の場に置かれた絵を理解するには、戦国大名自らも絵画に対する深い造詣がなければならなかったのである。

京都からの人々

連歌、茶の湯、能などは文化シンボルという意味で戦国大名にとって外交や領国統治の武器になった。これらは文化的な中心地である京都の公家や将軍と戦国大名が同じ文化環境の中にいて、しかも高度な文化を握っているのだと外側に向けても、領国民に向けても示すことになった。同じような教養・文化は他にも見られる。

『妙法寺記』によれば、明応元年（一四九二）に歌弦を教えるために京都から西洞院《にしのとういん》という人がやってきた。また、『甲陽軍鑑』には「毬之次第《まりのしだい》」が出ているが、蹴鞠《けまり》も京文化の象徴であり、京から学ぶべき文化だった。

文化を担っているのは公家だとの社会認識は当時一般化していたが、文化を入手するために、甲斐も多くの京都の公家などを受け入れた。信玄の夫人が三条氏の出であったことも、文化の移入とつながった。

天文五年（一五三六）九月二十三日、正親町公叙《おおぎまちきんのぶ》が甲斐から帰京し、酒饌を朝廷に献じた（『御湯殿上日記』）。三条公兄《きんえだ》は天文十六年閏七月二十七日に甲州に下向した（『公卿補任』）が、永禄十三年（一五七〇）四月二十一日にも再度甲斐に下向した（『言継卿記』）。

天文十四年四月二日、聖護院《しょうごいん》が甲府に着いたが（『高白斎記』）、天文十九年にも聖護院は甲州、武州に下り、関東から奥州まで下った（『妙法寺記』）。

このようにして、地方の戦国大名は積極的に京都の文化の移植をはかり、文化を通しても支配に権威付けをした。したがって、連歌、茶の湯などの文化は本人が好きだ嫌いだという前に、戦国大名であるならば学ばねばならない教養で、私たちには趣味に見えても当時の人にとってはまったく意味が異なっていたのである。

甲斐文化の特質

戦国時代の特徴の一つは、それまで地方の富が奈良・京都・鎌倉といった政治的な中央に吸収され、地方には大きな消費地もなく、文化も中央に独占されていたのに、戦国大名の成立によって地方の富が地方にとどまり、特に城下町が形成され、そこが地域の消費センターになり、文化も形成されるようになったことである。

戦国時代初期の地方文化の核は勘合貿易でも富を得た大内氏の城下町山口であった。

天文二十一年正月四日に当たる一五五二年一月二十九日付の書簡で宣教師のザビエルは、山口の町は戸口一万以上に及ぶといっており（『聖フランシスコ・ザビエル全書簡』平凡社）、京都・堺・博多などの商人が足繁く訪れ、唐物や漢籍を売る専門店なども軒を連ねた。応仁の乱以来、京都を逃れて山口に下ってくる貴族・文化人も少なくなかった。美術・工芸・文学・出版など、文化全般にわたってこの町は一時期日本の中心の一つを占めた。

北陸では朝倉氏の居館があった一乗谷（福井県福井市）が有名で、ここには多くの商人や職人が住んだ。北の出入口の下城戸を出たところにある安波賀《あばか》には唐人の在所もあった。ここは足羽川《あすわがわ》の水上交通の要衝で、一乗谷は海外にも開けていたのである。

北条氏の根拠地は小田原だった。永正元年には京都から陳（宇野）定治が下向し、薬の製造販売の独占権を与えられた。京大工も移り住んだ。天文二十年（一五五一）に小田原を訪れた東嶺智旺《とうれいちおう》という禅僧は、友人に「町の小路は数万間、地に一塵なし」と伝えている（『明叔録』）。ここには唐人町もあった。

これまで挙げた城下町や上杉氏の城下町春日山、今川氏の駿府などと比較すると、武田氏が基盤を置いた甲府は山の中にあり、水上輸送が行えなかっただけに物資流通の規模は小さく、唐人町も形成されなかった。したがって甲府は他の戦国大名の城下町と比較して大きいとはいえず、職人の技術なども優れていたとは言い難い。このため町衆の文化は育たなかった。

京都の貴族などが甲斐に下ってきたのは、武田という擁護者が存在したからであった。武田家が文化をリードしながら、次第に地域に根付かせて、まだ花が咲かない内につみ取られたのが戦国時代の甲斐文化だったのではなかろうか。その特徴は信玄個人の関係で集まってきた多くの高僧を媒介とする精神的な文化といえよう。しかもそれは甲府城下町だけでなく、そこから距離を置いた塩山の恵林寺や向嶽寺なども中心になった点が興味ぶかい。

4　風林火山——思想的背景

快川と信玄・勝頼

信玄と聞くと、「疾如風、徐如林、侵掠如火、不動如山」（はやきこと風の如く、しずかなること林の如し、侵掠《しんりゃく》すること火の如く、動かざること山の如し）の四句からなる孫子《そんし》の旗を思い起こす人は多いのではないだろうか。信玄が用いたとされる孫子の旗は現在甲州市の雲峰寺に伝わっており、紺地の絹に金文字で七字ずつ二行に、中国の兵書『孫子』から取ったこの言葉が大書されている。旗の文字を記したのは信玄が敬愛した快川紹喜《かいせんじょうき》とされる。信玄の戦さにおける心構えの背後には快川という僧侶があったのである。

快川は武田家滅亡後に信玄・勝頼の知遇に応えて、恵林寺（甲州市）の山門楼上で「安禅不必須山水、滅却心頭火自涼」（安禅必ずしも山水をもちいず、心頭を滅却すれば火も自ずからすずし）の遺偈《いげ》を唱えて火《か》定《じょう》したことでも知られる。これは快川がいかに信念に満ちた人物であったかを伝えるが、だからこそ信玄も勝頼も影響を受けたのである。

快川は美濃の人で崇福寺《そうふくじ》（岐阜市）の住職であった。弘治元年（一五五五）に招かれていったん恵林寺の住持になったが、翌年美濃に帰り再び崇福寺に住んだ。永禄七年（一五六四）十月四日、信玄は美濃の守護斎藤龍興《さいとうたつおき》の家臣長井隼人《ながいはやと》に書状を送り、快川和尚が恵林寺入院のため甲斐国へ来臨するとして、伝馬以下の用意を頼んだ（崇福寺文書）。信玄の懇請によって快川は再び甲斐に来ることになったのである。

快川が恵林寺に再入山したのは永禄七年（一五六四）十一月であった。信玄はこれを喜んで十二月朔日に寺領などの確認を行い、恵林寺を信玄の牌所とするので、寺が興隆するようにしてほしいと快川に依頼した（山二九六）。

『甲陽軍鑑』によれば、信玄は恵林寺住持となった惟高妙安《いこうみょうあん》と策彦周良《さくげんしゅうりょう》の意見に従って、出陣する前には占をして時々の守り本尊を確認し、本尊のある寺に参詣していた。二月末のある時、八卦によって本尊が不動と出たので、恵林寺の奥にある上求寺《じょうごじ》（山梨市牧丘《まきおか》町倉科）の不動に参詣した。その折、快川が使僧をたて恵林寺に立ち寄るよう求めたが、信玄は近日出陣するので帰陣してから訪問すると答えた。快川は桜の花が咲いているので立ち寄っていただきたいと重ねて申し出、花に誘われて信玄がやってきたという。こうした心のつながりが両者の間には存在した。

二人は水魚の交わりといわれるほど親しくつきあい、快川は信玄の参禅の師にとどまらず、民政、外交等で信玄を支援した。その一端が、孫子の旗となったのである。

信繁置文に「仏神を信ずべき事」とあるように、戦国時代の人々にとって仏や神を信ずることは当然であった。神仏に直接仕えていたのは神官や僧侶であったが、彼らは智識者としてさまざまな学問の最先端にいたので、戦国大名の師となった。特に中世は神仏習合の時代で、本地垂迹説《ほんじすいじゃくせつ》によって我が国の神は本地である仏・菩薩が衆生救済のために姿を変えて迹《あと》を垂れたものだと考えられており、神官よりも僧侶が宗教上大きな権威を持っていた。

戦国大名が受けた教育はいわば家庭教師から、自分の問題意識にしたがって教えられるものであった。この時代の基礎教育者となった僧侶は、快川の場合でも明らかなように仏教だけを教えたのではなく、広く儒教や法なども教えた。このため、優秀な宗教者をどれだけ多く集められるかが、戦国大名の文化掌握上、あるいは外交戦略上に大きな意味を持った。

自己を見つめる禅宗

座禅を組むことは信繁置文に「参禅嗜むべき事」とあるごとく、武士にとって嗜みであった。先に触れた惟高、策彦、快川は皆信玄の参禅の師でもあった。

これまで「信玄」と記してきたが、永禄二年（一五五九）に彼が出家するに当たって「機山《きざん》信玄」の法名を授与したのは、臨済宗の岐秀元伯《ぎしゅうげんぱく》であった。彼は京都妙心寺《みょうしんじ》で修行し、享禄年間（一五二八～三二）に尾張の瑞泉寺《ずいせんじ》（愛知県犬山市）に住した後、大井夫人の招きで大井庄の長禅寺（現在の古長禅寺、南アルプス市鮎沢）に住山し、幼少の信玄に仏教や政道などを教えた。信玄は天文二十一年（一五五二）に大井夫人が没すると、府中に長禅寺を移して彼女を開基とし、岐秀を開山に迎え、長禅寺を第一位として甲府五山《ござん》を定めた。岐秀が学んだ五山文学（京都・鎌倉の五山を中心として禅僧の間に行われた漢文学）では、儒教や道教など、外典《げてん》（仏教以外の書籍）も研鑽せねばならなかったが、彼の学識が後の信玄に大きな影響を与えたのである。

信玄は岐秀に次いで長禅寺の第二世になった春国光新《しゅんこくこうしん》にも篤く帰依したが、彼は永禄四年（一五六一）妙心寺住持となった。高山玄寿《こうざんげんじゅ》は長禅寺三世となった人物で、『甲陽軍鑑』によれば、ある時館の毘沙門堂で信玄と問答の末、信玄が彼を拝して「これを仰げばいよいよ高し」と嘆じたという。高山は天正十年（一五八二）武田氏の滅亡に際して、快川・藍田らとともに恵林寺で焼死した。

甲斐仏教文化の中心となったのは、快川も住持になった臨済宗関山派の恵林寺だった。信玄と関わった天柱玄長《てんけいげんちょう》は信州諏訪の慈雲寺《じうんじ》（長野県諏訪郡下諏訪町）七世から恵林寺住持に転じ、天文二十三年（一五五四）五月に大井夫人の三回忌法要を修した。その跡に快川が入った。弘治二年（一五五六）信玄によって恵林寺に招かれた策彦周良は、天文八年、天文十六年の二回遣明使節として中国に渡り、後奈良天皇が天下第一の僧とたたえた人物であるが、信玄に禅要や政道を教えた。信玄は永禄六年（一五六三）に美濃国岩村の大圓寺《だいえんじ》（岐阜県恵那市岩村町）から希庵玄密《きあんげんみつ》を恵林寺住持として招き、彼にも学問や政要を学んだ。その後、再び快川が招かれた。

鉄山宗鈍《てつざんそうどん》は古上条（甲府市）の人で、恵林寺で得度の後、東谷・南化・策彦等に師事し、信玄の葬儀では起骨の導師を勤めるなど、勝頼と関係が深かった。信玄・勝頼の篤い外護を受けた南化玄興《なんかげんこう》は美濃の人で、快川の弟子として甲州にやってきた。

永禄初年に信玄の招請に応じて甲府の成就院に住した説三恵璨《せつさんえさん》は、東光寺の住職から円光院の開山となった。彼は信玄が母の三回忌を前に奏請し朝廷の許可を得た紫衣を着用し、義信や三条夫人の葬礼で導師を勤めた。

臨済宗とならぶ禅宗といえば曹洞宗である。甲斐の曹洞宗を代表するのが大泉寺で、大永年中（一五二一〜二八）に信虎が寺を創建するにあたって招いたのが天桂禅長《てんけいぜんちょう》だった。この寺では第五世になった甲天《こうてん》総寅《そういん》が有名である。

文明年中（一四六九～八七）に武田信昌が創立した永昌院（山梨市矢坪）には、謙室大益《けんしつたいえき》がいた。彼はその時分関東は言うに及ばず、日本に隠れなき学問僧とされていた。『甲陽軍鑑』によれば、信玄は天文十九年（一五五〇）に上杉謙信が加賀・能登で戦った状況を知るために、大益を両国の案内者として頼もうとした。

信玄は岩村田（長野県佐久市）の龍雲寺に北高全祝《ほっこうぜんしゅく》を迎えて、甲信両国における曹洞宗の拠点の一つとし、永禄八年（一五六五）ころとみられる十月十八日に龍華院《りゅうげいん》（甲府市上曽根）と永昌院（山梨市）に、北高全祝が東堂に入院した上は信濃佐久郡中の大小の人は別して馳走するようになど、六条からなる条目を送った（山四七七）。信玄と長男義信の関係が悪くなった時、両者の間に入って仲直りさせようとしたのが北高と甲天であったように、両人は信玄に相当の影響力を持っていた。

天正六年（一五七八）六月十二日、勝頼は龍雲寺の北高に手紙を送り、久しく拝顔することが出来ず積鬱している、相模最乗院《さいじょういん》（神奈川県南足柄《みなみあしがら》市大雄《だいゆう》町）一回《え》の入院について甲斐興因寺《こういんじ》（甲府市）住持と信濃定津院《じょうしんいん》（長野県東御《とうみ》市）住持が再び争っているので、意見を聞かなくてはならない、ご老体の上に炎天の時分で苦痛をかけるが、早速来ていただきたいと求めた（⑭三三六）。勝頼は天正七年二月二十一日に北高に曹洞門法度の追加をし（⑭四三七）、四月五日には龍雲寺の伽藍を再造するため、小県郡内の番匠の半分を使うことを許した（⑭四四五）。勝頼と北高との結びつきは、極めて深かったのである。

シンクタンク

武田家は祖先の新羅《しんら》三郎義光が園城寺《おんじょうじ》（滋賀県大津市）の氏神である新羅明神を深く尊崇し、この名を名乗って以来、天台宗と関係があった。このため、信玄は天台宗の曼殊院《まんしゅいん》（京都市）の斡旋で大僧正になった。

信玄は二十七歳の時に武州川越（埼玉県川越市）から天台宗の浅海法印《せんかいほういん》（後の大僧正天海だとされる）を招き、喜見寺に住まわせた。また信玄は元亀二年（一五七一）延暦寺が織田信長に焼き討ちされ、満蔵院権僧正亮信《りょうしん》、正覚院僧正豪盛《ごうせい》らが徒弟を率いて逃れてくると保護し、元亀三年正月二十一日には、焼き討ちされた比叡山に代えて身延を比叡山にしたいと申し入れたという（『甲陽軍鑑』）。

『甲陽軍鑑』によれば、信玄は加賀美法善寺（南アルプス市）の円性《えんしょう》法印教雅《きょうが》を永禄年中に高野山から招いた。加賀美の大坊は信玄や勝頼の代にことあるごとに姿を見せており武田家と関係が深く、密教儀礼などに携わった。

信虎は大永二年（一五二二）に日蓮宗の身延山久遠寺《みのぶさんくおんじ》で受法し、甲府に信立寺《しんりゅうじ》（初名真立寺）を開き、身延山十三世日伝《にちでん》を開山に請じた（『甲斐国志』）。

浄土真宗の長延寺《ちょうえんじ》（後に広沢寺と改める）住職の実了《じつりょう》師慶《しけい》は、関東管領上杉憲政の一族だったため北条氏康に追われて信玄を頼り、天文年中にこの寺を建てた。彼は信玄の御伽衆に加えられ、軍使としても活躍した。信玄が長島の一向一揆などと連絡を取るとき間に入るなど、外交面でも大きな働きをした（『甲陽軍鑑』）。このように、武田家三代のもとには実に多くの名僧が集まり、彼らが武田家のシンクタンクの役割を果たしていたのである。

諏訪信仰を取り込む

一方、武田家に大きな影響を与えた信仰として、軍神として有名な諏訪明神を忘れるわけにはいかない。信玄が戦場に臨む際に用いた兜は諏訪法性《すわほっしょう》の兜とよばれ、諏訪上社神長の守矢家から借用したとの伝承があるが、守矢家に伝わった兜は現在下諏訪町立博物館に所蔵されている。また既に見たように、当主が戦争に行く時には必ず諏訪大明神のお守りを用意した。さらに、甲州市塩山の雲峰寺には武田家が本陣の標識として用いたといわれる諏訪神号旗が伝わっている。

信虎は天文四年（一五三五）に堺川で上社の宝鈴を鳴らして諏訪頼満と和解し、天文九年には娘を諏訪頼重に嫁がせた。おそらく信虎も諏訪社に対する信仰を有していたであろうが、具体的状況を伝える史料は残っていない。

信玄は天文十一年（一五四二）七月に諏訪頼重を滅ぼすと、八月に上社へ燈明田と社僧領を寄進した（⑪一八三）。そして九月二十四日、高遠の諏訪頼継を討つため上社に戦勝を祈願した（⑪一八五）。同年十月七日、信玄は上社神長守矢頼真に諸役を免除し（⑪一九七）、翌年七月には諏訪郡代の板垣信方が上社権祝《ごんのはふり》に御射山《みさやま》神田を安堵した（⑪二〇四）。

天文十四年（一五四五）十二月十三日、信玄は守矢神平に信実の偏諱を与えた（⑪三一五）。諏訪上社を現実に取り仕切っていた神長の家を家臣化しようとしたのである。

祭礼復興

戦国の争乱の中で諏訪社の収入は減り、祭礼もできなくなっていた。信玄は永禄二年（一五五九）以前の年未詳三月九日、諏訪社の頭役《とうやく》（祭礼の奉仕役）が近年怠慢になっているけれども、自分が信濃一国を平らげたならば百年以前のように信濃住民に祭礼をさせるといった内容の書状を守矢頼真に出した（⑫一三九）。信玄が信濃全体を支配するようになれば諏訪社の祭礼は復興するということで、祭礼のために諏訪社は信玄の一国平均支配を約束しなくてはならない。極言するなら、諏訪社は信玄の戦勝を祈願する神社にならざるを得なくなり、信玄の勢力拡大を精神的に支える政治の道具となっていったのである。

永禄三年（一五六〇）二月二日、信玄は上社権祝に、諏訪上社の造営については先規のように信濃国中に催促するようにと命じた（⑫二八三）。翌年に有名な第四回目の川中島合戦が行われるので、まだ信濃全域は信玄の支配下に入っていなかったのに、信玄は永禄元年に信濃守補任を受けたこともあり、諏訪上社の造営を名目にして信濃国中に号令をかけたのである。

信玄は永禄八年（一五六五）と九年の両年にわたって、上社と下社の古い祭事を調査させ、祭礼を復興させた。それを命じたのが俗に「信玄十一軸」と呼ばれる判物で、これによって信玄は諏訪社のすべての神事に関与した（⑫五九三）。諏訪社は独自に祭礼をする力を失っており、信玄の権力に協力を仰がねばならなくなっていたのである。信玄は祭礼復興を通じて自己の権力の大きさと諏訪社の保護者なのだという立場を信濃および分国に誇示し、信濃や分国を支配していく正当性の根拠を得た。

信玄は勝頼が生まれた時、母が諏訪氏であったので諏訪氏を継ぐことを期待した。実際勝頼は小野神社

(塩尻市)に寄進した梵鐘に「郡主神勝頼」「大檀那諏訪四郎神勝頼」(⑫五五〇)と記し、諏訪氏であると明示していた。彼が武田の家督を嗣いでからも諏訪社とのつながりは深く、天正二年(一五七四)五月一日、上社の神長官・権祝・擬祝《なぞらえのはふり》・副祝《そえのはふり》・禰宜大夫に、五日より百箇日輪番で神前に日参し、厳重に勤仕するように命じた(⑭三一)。勝頼が諏訪氏の血を引いていることもあって自ら「神」を称し、神官たちはほとんど勝頼の家臣と同じように扱われたのである。

天正六年(一五七八)二月十二日に武田家は、現在の御柱祭にあたる造営を信濃の郷村に命じたが、この時の造宮手形は十二点、郷村数で伊那・佐久・高井・水内・小県・更科の各郡五十二郷分が残っている(⑭二六一)。御柱祭を名目にして信濃全体に号令をかけられるようになっていたのである。

勝頼の代で注目されるのは諏訪社に建物の建立が増えていることで、特に下社については千手堂、宝塔などが建てられた。上社に関係した諏訪氏の血を引きながら、勝頼は諏訪社全体の保護に努めたのである。

善光寺を甲府へ

諏訪社とならんで武田家が特別に信仰したものに善光寺の阿弥陀如来がある。

信虎は大永三年(一五二三)六月十日に信濃の善光寺に参詣し、また大永七年七月八日にも善光寺に参詣し、十七日に下向した(『高白斎記』)。戦乱の最中、戦国大名が国をあけてまで参詣するほど、善光寺は当時の人を引きつけていたのである。

信玄が直接善光寺と接触したのは、第二回目の川中島合戦とされる弘治元年(一五五五)の戦いだった。この時善光寺の別当栗田永寿は信玄に味方した。武田軍と上杉軍は七月十九日に川中島で戦ったが、その後膠着状態となり信玄が今川義元に調停を依頼して、閏十月十五日に双方とも帰国した（⑫七三）。この折、謙信は大御堂の本尊以下を府内近郊の善光寺浜（新潟県上越市）に移した。

弘治三年（一五五七）に戦われた第三回の川中島合戦は、全体として信玄の勝利で善光寺や戸隠までが武田の支配下に入ったので、信玄は善光寺本尊の阿弥陀如来像以下を甲府へ移すことを決めた。永禄元年（一五五八）九月十五日（『塩山向嶽禅庵小年代記』）あるいは二十五日（『王代記』）に、如来は甲府に着き、栗田氏や善光寺大本願上人、中衆なども甲府に移住した。『塩山向嶽禅庵小年代記』は甲斐国中の人々が喜んだとその模様を伝えている。着いたばかりの如来像は上条村の日輪法城寺《にちりんほうじょうじ》の仏殿に置かれ、善光寺の普請は十月三日に板垣で開始され、翌年完成して二月十六日に入仏した。工事はその後も続けられ、金堂が上棟したのは永禄七年三月二十三日だった（『王代記』）。

永禄十一年（一五六八）四月三日、信玄は栗田鶴寿に僧の勤務に関係した定書《さだめがき》を出した（⑬二一〇）。善光寺の組織にまで信玄が口を出し、その中心者として鶴寿を認定したのである。元亀元年（一五七〇）九月六日、信玄は鶴寿に本領の安堵をするとともに、新知行として水内郡千田《せんだ》（長野市）と市村（同）を与えた（⑬三九六）。鶴寿は信玄配下の武士として位置づけられることになった。

武家政権を打ち立て得る者

信玄が甲府に善光寺を移した根底には信仰があろうが、その理由の一端には、善光寺如来が武田家にとって氏神ともいえる、八幡神の本地仏とされていたことも挙げられよう。現在でも甲斐善光寺では年末に如来の前の扉を閉め、御幣を置いて如来が八幡に変わる儀式を執り行っているが、八幡神の本地仏なら武田氏を加護してくれると、武田家の人々は考えたのだろう。同時に善光寺如来は極楽往生を約束してくれる仏として知られていた。戦乱に明け暮れていた人々にとって、来世で極楽に行けるとの確信は極めて大きな意義を持ったのである。

政治的意味も大きかった。すなわち信玄は善光寺信仰を権力中に組み込むことによって、自らを権威付け、領国を支配する手段にしたのである。当時善光寺は三国一の霊場として全国的な信仰の対象であったが、それを信玄が甲府に移せば彼が善光寺の上位権力としてあることになり、善光寺を信仰する人々に影響力を持ち得た。そして宗派性のない善光寺信仰を利用すれば、宗派を越えて仏教徒を結集することも可能だった。しかも善光寺は武家政権を樹立した源頼朝が再建させ、次いで政権を握った北条氏も庇護したので、信玄は如来を保護し掌握することによって自分も武家政権を打ち立て得る者だと主張し、自分の領国を広げていく手段とすることもできた。この点は諏訪社支配とも共通する。

ちなみに武田家滅亡後、善光寺如来は織田氏が岐阜に移し、その後徳川家康が握り、いったん甲府に返した後、豊臣秀吉が京都に運び、慶長三年（一五九八）に長野へ戻した。謙信、信玄以来、戦国争乱の中で天下を夢見る者が如来の争奪を繰り返したのである。

なお、信玄が善光寺を移した背景には、宗教的な意味のみならず、僧侶や職人・商人を含めての善光寺を中心とする新たな町の建設の意図もあったと考えられる。

天正四年（一五七六）十月十七日、勝頼は栗田鶴寿などに遠江高天神城の守備を堅固にするように命じた（㉙四八九）。栗田氏は武田家の軍事力の重要部分を担うようになっていたのである。しかし天正九年三月二十三日、高天神城は徳川家康のために陥落し、鶴寿も戦死した（⑮一六）ので、五月二十五日に勝頼はその子永寿に亡父の所領を安堵した（⑮二四）。勝頼のもとで栗田氏は思うがままに動く家臣になっていたのである。

天正九年（一五八一）七月四日、勝頼は栗田永寿とその他の善光寺衆に定書を与えたが、その第五条には罪科人を守ることや罰銭等の役儀は停止するが、もし心の正しくない者が盗賊を隠し置いたり国法に背いたりすると厳科に処すとあり（⑮三三）、善光寺が本来持っていたアジール性（権力が手を入れることのできない避難所としての性格）を否定している。勝頼は完全に善光寺を自らの権力のもとにおいていたのである。こうした方向性は織田信長と共通している。

さまざまな信仰

我々は子供の誕生や正月などは神道で祝い、葬式は仏教で執り行い、クリスマスにはキリスト教徒でもないのに祝ったりして、雑多な宗教をそれぞれの違いも理解せずに、都合よく利用する。戦国大名も教義によって宗派を選んでいたわけでなく、社会に流行していたものを信仰対象にすることが多かった。これまで触れてきた以外で、武田家三代の日常的な信仰について触れよう。

不動明王は大日如来の憤怒像として広く信仰されたが、特に密教では加持祈禱の本尊として重要視された。『甲斐国志』によると、信玄は天文二十年（一五五一）に比叡山から大僧正の位を贈られた記念に京都の仏師を招き、自分の体を模刻した等身大の像を造らせ、髪の毛を漆に混ぜて像に塗り込めて、彩色を施した。それが恵林寺（甲州市）に伝わる武田不動尊だとされる。

信玄は加持祈禱する時、不動明王を拝した。同時に不動明王は剣を持ち憤怒の顔つきなので、武のシンボルとしても尊崇された。永禄年間古図といわれる「信玄公屋形図」には東曲輪の北東に不動堂が描かれ、館の中にまで不動尊が祀られていたことが知られる。

観音の脇士として不動明王と並ぶのが毘沙門天《びしゃもんてん》である。甲州市の熊野神社には信玄の寄進と伝えられる紙本着色刀八毘沙門天像図がある。また、甲府の円光院には信玄の持仏という木造刀八毘沙門天像が祀られているが、信玄は館の中に毘沙門堂を建てるなど、軍神として毘沙門天を篤く信仰していた。

年未詳の十月二十三日、信虎の父信縄は伊勢天照大神宮宝前に腹巻鎧一領を寄進し、病気の平癒を祈願した。この他、信縄はたびたび伊勢御師《おんし》の幸福大夫《こうふくだゆう》と連絡を取った。信虎も年未詳五月十八日にお祓いや熨斗《のし》が届いた礼を幸福大夫に述べた（幸福文書）。早くから武田家と大神宮の御師幸福大夫とは結びついていたのである。『甲陽軍鑑』が、永禄三年（一五六〇）に越後侍の城伊庵《じょうのいあん》が謙信にうとまれて奥州会津にいると信玄が聞いて、幸福大夫を通じて甲府に呼び寄せ侍大将にしたとするように、伊勢の御師は武田家の使者としての役割も持っていた。

熊野神社（甲州市塩山熊野）には信玄寄進と伝えられる紙本着色飯縄権現像図もある。信玄は弘治三年（一五五七）に飯縄山一帯を占領し、元亀元年（一五七〇）に甲斐国へ勧請《かんじょう》することを誓った。永禄年間古図といわれる「信玄公屋形図」には、東曲輪に飯縄堂が描かれており、日常的に信仰されていたようである。

信仰までが……

宗杲が信玄を、「外に天台の架梨を着けて、究竟即の極果に到り、内に関山の佳曲を唱えて、仏心宗の紹隆を興す」などと評したように、彼は深い仏教理解を持ちながら、すがりつくことができるすべての神仏を頼った。実際、躑躅ヶ崎の館の中におかれていた毘沙門堂、飯縄堂、不動堂は宗派に関わらず、それ自体が直接信仰の対象であった。同時に武田家の当主は諏訪明神や善光寺の阿弥陀如来を篤く信仰していた。さらに御旗・楯無に対する意識は祖霊信仰とつながっていた。

こうしてみると戦国時代の武田家の当主が信仰対象として選んだのは、自分が戦乱を勝ち抜いていけるように加護してくれるであろう神仏と、死後の世界に平安をもたらしてくれる仏のすべてであったといえる。彼らは神仏に帰依していなければ、戦乱の時代に心の平安を保ち得なかったのかもしれない。それにしても信仰までがあまりに戦争と結びつきすぎていることは、彼らの置かれていた精神的状態を示しているのではないだろうか。

第六章　落　日――それでも滅亡した武田家

1　使われなかった新府城

態勢立て直し

戦国大名武田家と聞くと多くの人は信玄を想定し、「人は石垣人は城」の言葉を思い出す。武田家の滅亡もこの言葉に関係づけて、信玄は家臣を信頼して大きな城を築かなかったのに、愚かな勝頼が新府城《しんぷじょう》（山梨県韮崎《にらさき》市）という巨大な城を築いて人民を疲弊させたため、人々の心が勝頼から離れて武田家は滅亡したのだと説明する人すらいる。つまり新府城は武田家滅亡のもとをなした、武田家にとってはマイナスの城だというのである。果たしてこのような考え方は正しいのであろうか。

天正三年（一五七五）五月、武田軍は長篠合戦で大敗北を喫した。ややもすればこれ以降、武田家は坂を転がるように落ち目になったと理解されがちだが、実状は異なる。

長篠合戦以後、武田氏は確かに領土の拡大を望めなくなった。しかしながら、領国の拡大ができないからこそ領国内の支配に意が注がれ、統治も安定したのである。そうしたことの一端は既に触れてきた。

勝頼は土地の係争が起きたり、宛行《あてがい》をする度ごとに検地を行い、生産力の掌握に努めた。これにより家臣団に軍役をきびしく課すことが可能になり、軍団の支配も浸透していった。武田家の軍役の状況を伝える史料は十六点知られるが、その内十一点、全体の三分の二もが長篠合戦が過ぎた天正四年（一五七六）以降に出ている。

一方で勝頼は商人や職人などに対する支配も強化した。全体的に職人商人に関わる史料は、勝頼の方が信玄より多く残っており、職人役や商人役の徴発にも努力した。商人である御蔵前衆の動きが明確になるのも彼の代である。信玄が領土拡張を前提として、年貢や棟別銭を取ることで経済力を強めるいわば重農主義とするなら、勝頼は領土が増えなくなっただけに、商人や職人から利益を得ようとする重商主義に転じ、それがある程度成功していたように思える。

御館の乱と勝頼

こうして勝頼が軍事的にも経済的にも立て直しをはかっていた折、天正六年（一五七八）三月十三日、上杉謙信が越後府中で死亡した。

彼は妻帯せず子供がいなかったので養子を取っていた。その一人景勝は上田郷坂戸《さかど》（新潟県南魚沼市）の城主長尾政景の次男で、母は謙信の姉だった。また景虎は北条氏康の七男で、元亀元年（一五七〇）相・越同盟が結ばれたとき養子となり、景勝の姉を妻にしていた。もう一人能登の畠山氏からの人質上条《じようじよう》正繁《まさしげ》（義則）がいたが、彼は一門待遇を受けており跡継ぎになる可能性はなかった。血筋は景勝の方が謙信に近いが、景虎には北条氏政という有力な後ろ盾があり、両人が熾烈な相続争いを始めた。

しばらく両者とも春日山城にいたが、五月十三日景虎は妻子とともに城を出て、謙信が前関東管領上杉憲政のために築いた府内の御館《おたて》に入った。このため謙信の遺臣たちは二分され、大きな争いになった。この内紛を見て上杉氏と領域を接していた武田と北条は早速軍を動かした。特に景虎の兄の北条氏政はすぐさま妹の夫である勝頼に支援を求め、越後に兵を出した。勝頼は小諸城主武田信豊を先陣として進発させ、自らも大軍を率いて出発した。

氏政は上野沼田へ入り利根川以東をおおむね手中にしたが、川西の諸城が景勝側についたので、越後に行くことができなかった。景勝は当面の敵が勝頼だけになったため、窮余の一策として武田信豊に講和の斡旋を頼んだ。講和条件の中には信長・家康との同盟を解消して、武田・上杉の同盟を結ぶことと、信濃と上野の上杉領を勝頼に割譲することが入っていたようである。

上杉が武田と組めば織田信長も容易に武田領国に手を出せなくなる、しかも労せず領国を拡大し、勢力を大きくすることができる。勝頼は小田原から北条軍の出兵もないのに、大勢の兵員と戦費を投入して春日山を攻撃するよりも、何もしないで利益を得た方がよいと判断したのであろう、六月七日には跡部勝資が春日山の武将にあてて講和を承諾した旨の返事を出した（⑭三三〇）。間もなく景勝は誓詞を送り、六月十二日にこれを信豊が海津城（長野市）で勝頼に見せた（⑭三三五）。

勝頼の動向もあって三月二十四日に景虎が自害し、乱は終息した。これによって勝頼は北条との関係を悪くしたが、景勝と同盟ができ、天正七年十月に妹のお菊が春日山に輿入れし、景勝から上杉領であった上野と信濃を割譲させた。

信濃は信玄の代に全域が武田領に入っていたような錯覚を覚えるが、一国全体の支配は勝頼の代である。長らく敵対関係にあった上杉家との関係が好転したことは、背後から攻撃されないと、勝頼に安心感を与えたであろう。

新府築城

天正九年（一五八一）正月二十二日、信濃の真田昌幸《さなだまさゆき》は新府城を築くため分国中の人夫を徴発するので、自分の領中の人も来月十五日に着府するようにと家臣へ連絡した（⑮一）。そこで、二月十五日ころから新府城の工事が始まったと推定される。人足は信濃からも徴発され、武田領国を挙げての城造りとなった。三月六日、勝頼は浦野孫六郎と原昌胤《はらまさたね》に書状を送り、普請のために在陣して昼夜苦労していることを察するが、「分国堅固の備えこの一事に極」る状況だから、夜をもって昼に継ぎ、いよいよ念を入れて稼いでほしいと励ました（⑮一三）。

工事は順調に進み、勝頼は九月に城が落成したことを同盟者に伝えたので、十月十八日には常陸《ひたち》の佐竹氏の家臣の梶原政景が、これを安房《あわ》の里見氏に報じた（武州文書）。新府城の完成は越後にも伝えられ、上杉景勝から勝頼へ祝の品が届けられた。

十二月二十四日、勝頼は諏訪上社神長官へ、新館に移るについて守符・玉会を得た礼を述べ、いよいよ武運長久を懇ろに祈るようにと書状を送った（⑮六三）。『甲陽軍鑑』によれば十二月二十四日に勝頼は本拠を躑躅ヶ崎館から新府城へ移したという。二十六日に勝頼は諏訪の禰宜である某《なにがし》に新府移転の祝儀の礼を述べている（⑮六三）ので、二十四日に移った可能性が高い。

勝頼は全勢力を傾けて築いた新府城を根拠にして、新たな領国支配を目指しながら、大敵の織田信長に対処しようとしたのである。

新府の地勢的位置

なぜ、勝頼は韮崎に新府城を築いたのであろうか。まず考えなければいけないのは、武田領国全体の中における新府の位置である。

甲斐一国に限った場合、韮崎は西に偏りすぎているものの、当時の武田家の領国である甲斐・信濃・西上野・駿河といった広い視野から見ると、新府の方が古府中より領域の中心に位置する。新府から北西に進めば信濃国諏訪郡で、そこから高遠を南下すれば伊那谷を通って遠江や三河に進める。諏訪から北西に進めば信濃府中（松本市）となる。また新府をそのまま北上すれば信濃佐久郡に出、さらに上野へと進むことができる。信濃諏訪・佐久からすると韮崎は入口に当たるのである。一方、富士川沿いに南に向かうと、容易に江尻（静岡市清水区）へ出られ、駿府（静岡市）につながる。

新府城の西下を流れる富士川（釜無川）は、近世の富士川舟運で有名であるが、戦国時代に川を使っての舟運がなかったとは考えがたい。実際、武田家の城は千曲川《ちくまがわ》沿いの海津城《かいづ》（長野市）や長沼城（同）のように、大きな川沿いに築城されることが多い。船を使って物資輸送を考えるとすれば、甲斐で最もその可能性が高いのが富士川なので、新府城は川を押さえる意味も持ち得る。

武田家にとって海外と結ばれる港はノドから手が出るほど欲しかったが、ここならば重要な港湾である江尻を押さえることもできた。船で富士川を下れば簡単に海に出られるだけに、韮崎は甲斐にあって海をも睨みうる場であった。

つまり、勝頼が領国全体を一律に、すばやく支配しようとするならば、韮崎は領国の中心として最適な場所である。織田信長は領国の拡大に伴って次々に西へ居館を移していったが、勝頼も広い視野から計画性をもって新府に居を移したのであって、決して行き当たりばったりの築城ではなかった。むしろ新府築城には信玄にない勝頼の新しさが見られるのである。

古府中《こふちゅう》の狭さも移転の理由として考えられる。武田家滅亡後甲斐を手に入れた徳川家康は一条小山に縄張をして、甲府城を築かせた。江戸時代の甲府はこの城を中心に広がり、躑躅ヶ崎の館を核に据えた場所は甲府の一角にすぎなくなった。これも古府中が背後に山が控え、拡大して甲府盆地全体を抑えるためにはあまりに北に偏りすぎているのに配慮したものであろう。町を拡大するためには、より広い場所が必要だった。

勝頼は家臣団への権力浸透、領国民への威令浸透の契機として、新府築城が意味を持つとも考えたのであろう。これまで勝頼は長篠合戦の敗北後、領国内の支配を強めることで、軍団の再編を行い、権力を安定させてきた。ここで新府城を築城し、家臣団を城下に集めれば、さらに権力を強めうる。家臣たちは古府中に屋敷を持っていても、一乗谷の朝倉家臣と同様に常に甲府に住んでいたのではなく、本拠をそれぞれの領地に置いていた。武士たちを一気に兵農分離させ、常に城下におくためにはそれ相応の契機を用意しなければならなかったが、新府移転はそれも意図した大工事だったのである。

普請そのものが武士や領国民に対して権力を浸透させることになった。大きな工事には大勢の参加が必要であり、人足動員を通して直接勝頼が家臣などに命令を与える機会を増やしたからである。

地形と諏訪とのつながり

勝頼には七里岩の上に位置する新府城の位置が、防御上に極めて勝れた場所だとの着眼があった。西側は約一〇〇㍍《メートル》もの崖になっており、新府城を攻撃することは不可能である。地形全体を見ると東側に塩川が流れ、東側からの攻撃も難しい。段丘は南に傾斜していて、南側からの攻撃もしにくい。地形からすると最も危険なのは北側であるが、北側は勝頼の故地である諏訪につながるので、彼としては比較的安心感があったのではないだろうか。

防御上、勝頼が他国から攻撃される可能性として想定していたのは、南の駿河からだったと思われる。織田信長に長篠合戦で敗れたとはいっても、信長の本拠地は安土城《あづちじょう》（滋賀県近江八幡市安土町）であり、戦線は全体に西に向いていたので、当面攻撃される可能性はないと判断しても無理はない。また勝頼は長く高遠城主だったので上伊那から諏訪にかけて力を蓄えていた上、諏訪は彼にとって血を継いだ諏訪氏の本拠だった。そこで信濃から攻撃されたら諏訪で踏ん張れば良いと考え、新府城が大規模に北側から攻められることは想定していなかったのだろう。だからこそ、天正十年（一五八二）の武田家滅亡に際して意外と簡単に高遠・諏訪が敗れ、織田軍が北側から攻めてくると、即座に新府城を放棄したものと推察する。

その他、この地が選ばれた可能性について触れておこう。躑躅ヶ崎は相川と藤川に挟まれた台地上にある。両川は北方の山から水を集め、水害を受ける可能性が高い。ところが新府では水害はまず考えなくてもいい。防災対策からすると、生活用水さえ用意できれば新府の方が望ましいのである。

武田家ということでは、その祖となった信義の墓といわれる五輪塔が願成寺《がんじょうじ》（韮崎市）にあり、彼が尊崇したとされる武田八幡宮（韮崎市）もその近くにあったことを忘れてはならない。新府城は南側からの攻撃を主として想定して土地が選ばれていると私は判断するが、城から南側にこの二つは位置している。先祖や神の力によって防御をしてもらおうと考えるなら、危険な地の前面にこれを配したことになる。戦国時代には、こうした神仏に頼りながら精神的な防御に意を注いでいただけに、武田八幡と信義の霊に守ってもらおうとした可能性は高いだろう。

勝頼は永禄五年（一五六二）から高遠城主になったとされる。前述のように永禄七年、勝頼は小野神社（長野県塩尻市）へ梵鐘を寄進し、銘に「郡主神勝頼」「大檀那諏方（訪）四郎神勝頼」と記し、伊那の郡主であり、諏訪氏であることを公に示している（⑫五五〇）。ところが義信が永禄八年に廃嫡され、武田家を継ぐことになった。勝頼が高遠から甲府に移ったのは元亀二年（一五七一）で、それからわずか二年後に信玄が亡くなった。勝頼は永禄五年から十年にわたって高遠城主として独自に家臣団を養ってきただけに、いわば信州の諏訪家が家臣団を率いて、甲斐の武田家を相続する事態になったのである。

ともかく、勝頼は自らの出自もあって、諏訪・高遠には特別な愛着があり、両地域に信頼感を持っていた。諏訪氏は本来諏訪上社と特別なつながりを持っただけに、勝頼の代になると武田の権力を背景に、信濃国内における諏訪社への頭役も整備された。また特に下社には多くの建物が勝頼を背景にしながら建てられた。諏訪明神は武神として広く知られていたが、勝頼はその加護を受ける血筋こそ自分なのだと意識していたのではないだろうか。

勝頼時代の御蔵前衆（財政管理の役人）として、甲斐の八田村新左衛門、京の松木《まつき》桂琳《けいりん》、諏訪の春芳、伊奈（那）の宗普《そうふ》がいる。このうち春芳は特に勝頼と密接な関係を持った大商人であり、宗普も呼称のように伊那に住んでいただけに、勝頼と関係が深かった。つまり、勝頼は経済的な後ろ盾としてこの両人を頼ることができ、中でも春芳は諏訪と彼とを結び付けることになった。

新府城の遺構

現在新府城跡は環境整備事業のために発掘調査がされている。その結果地下からの情報が得られつつある。

まず現存する遺構について触れておこう。縄張だけみると南側に三日月堀《みかづきぼり》があり、その背後に丸馬出《まるうまだし》が配置され、その北側に大規模な枡形がある。三日月堀と丸馬出は武田流の築城技術の典型とされるが、甲斐国内でしっかりした遺構が残っているのは新府城だけである。一般的にはここが大手とされる。

枡形を登っていくと東三の丸と西三の丸の大規模な曲輪があり、その北西に二の丸と呼ばれる曲輪、さらに最も高い場所に本丸がある。三の丸は本丸の南側に一〇〇メートルほどを隔てて、地形を削平し、北辺の東西一三〇メートル、南北一〇〇メートルの台形を呈し、中央を南北に走る土塁によって東西に分かれている。二の丸は土塁に囲まれた一辺約五四メートル四方の平坦地である。

本丸は東西九〇メートル、南北一五〇メートルほどの長方形で、中央部分および西南に窪地がある。周囲には高さ一〜一・五メートルの土塁がめぐっている。中央部分の窪地には配石が見られ、庭園と想定されている。本丸は躑躅ヶ崎館の主郭部分をそのままここに持ち上げたような形態である。つまり新府城は守護大名の館部分を

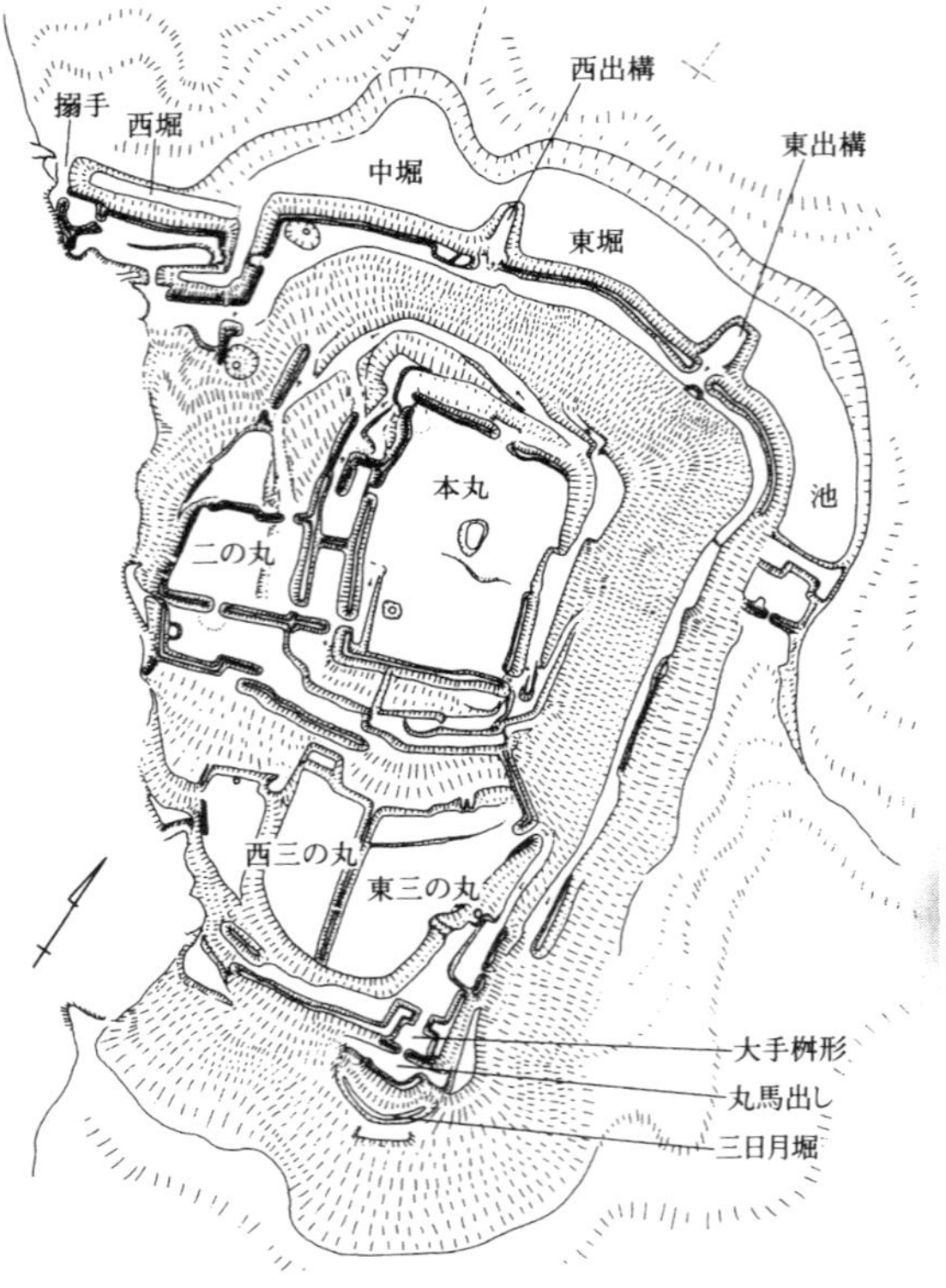

新府城縄張図（「史跡　新府城跡」より）

山の最高所に配置して、周囲に曲輪を設け、全体として要害城の機能と躑躅ヶ崎館を一緒にした形になっているのである。

北西の隅は搦手《からめて》とされ虎口や土橋などがあり、防御に配慮されている。北側には水堀がめぐらされているが、塀の中に新府城の特徴とされる西出構と東出構《でがまえ》が設けられている。また本丸の東側の池との間に設けられた四角い装置を、枡形ではないかとする説もある。その場合ここが大手になる。

三の丸の発掘調査により十五世紀後半から十六世紀中ころの端反皿、盤の口縁部と思われる十六世紀の明染付け、瀬戸・美濃焼、カワラケ、鉢型土器や火鉢といった土師器《はじき》、砥石、鉄鍋や釘などが出ている（『史跡新府城跡―環境整備事業にともなう発掘調査報告書Ⅰ―』韮崎市教育委員会）。つまりここからは、日常生活に必要な道具が数は少ないものの、躑躅ヶ崎館と同様に出ていて、短い間だったとはいえ、この城が使用されていた状況を伝えているのである。

2　滅亡への過程

高天神落城

新府城が完成する以前の天正九年（一五八一）三月二十二日、武田家の遠江支配の拠点であった高天神《たかてんじん》城（静岡県掛川市）が徳川軍の攻撃によって落ちた（『家忠日記』）。「高天神を制する者は遠州を制する」とまで言われたこの城の陥落は、勝頼に大きなショックをもたらした。

織田信長は奥平喜八郎に信濃境へ砦を築かせようとし、十月十三日に信長の意を受けた滝川一益《たきがわかずます》が喜八郎を招いた（⑮四七）。その後の十二月十八日、信長は甲州進攻の準備として米八千俵を購入し、三河の牧野城（愛知県豊川市）に備えた（『家忠日記』、『信長公記』）。

天正十年正月二十五日、木曾義昌は弟の上松蔵人《あげまつくろうど》を人質に出して信長と通じた（『当代記』）。木曾家と武田家とは姻戚関係にあったが、義昌は劣勢の勝頼に見切りをつけ、いち早く信長と結びつくことで、勢力を拡大しようとしたのである。二月一日、木曽郡の近隣である美濃苗木（岐阜県中津川市《なかつがわ》）に住む苗木久兵衛から、義昌が織田に味方する旗色を立てたから、人数を出すようにと求めてきたので、信長は領域の境目に人数を出し、人質をとり固めた上で出馬することにした（『信長公記』）。

木曽出馬

情勢を見て取った勝頼は、二月二日に息子の信勝や甥の信豊などと共に兵一万五千で義昌討伐のため出陣し、上原（長野県茅野市）に陣を据えて、他国から武田領国へ入る諸口の警備などを申し付けた（『当代記』、『信長公記』）。

勝頼が軍を動かした翌二月三日、信長は諸口から武田領国に攻め込むように命令を下したので、この日、信長の長男信忠《のぶただ》が森長可《もりながよし》・団忠直《だんただなお》（忠正）を先陣として、尾張・美濃の人数を引き連れ、木曽口・岩村口から武田領国に攻め入らせた（『信長公記』）。

武田方では、重要な地点に防御のための砦を築いたが効果なく、全軍が浮き足立ち、次々と織田方に寝返る者が出た。武田が危ないのなら、少しでも早く織田についた方が有利だと多くの者が考えたのである。

二月九日、信長は信濃に向かって軍を進める指令書を出し、武田討伐の具体的な指示をした（『信長公記』）。信忠は十二日に木曾義昌救援のため出陣し、十四日に岩村（岐阜県恵那市岩村町）に着陣した。この状況を見て松尾（長野県飯田市）城主の小笠原信嶺《おがさわらのぶみね》が信忠に降った。妻籠《つまご》（長野県木曽郡南木曽町）口から信濃に先陣として入っていた団忠直と森長可は、清内寺口《せいないじ》（長野県下伊那郡阿智村）より軍を進めた。織田に味方した小笠原信嶺が手合わせとして所々に煙を上げたので、飯田城（長野県飯田市）を守る坂西織部《ばんざいおりべ》と保科正直《ほしなまさなお》は夜になって敗走した（『信長公記』・⑮九四）。

木曾氏を攻めた武田軍は二月十六日に今福昌和《いまふくまさかず》を大将として、鳥居峠（長野県塩尻市と木曽郡木祖《きそ》村との間の峠）へ足軽を出したが、苗木久兵衛父子、それに織田の援軍を加えた木曾軍が迎え撃ったため、ここで惨敗した（『信長公記』）。

続く敗戦

十六日に信忠は岩村から平谷《ひらや》（下伊那郡平谷村）に陣取り、翌日、陣を飯田に移した。勝頼は伊那の拠点である大島城（下伊那郡松川町）に信玄弟の信廉《のぶかど》（逍遥軒信綱）を入れて守らせたが、織田軍の攻撃の前にもろくも十七日の夜中に陥落した。

情報を聞いて勝頼と同盟関係にあった上杉景勝は、援兵を送ることを知らせた。勝頼は二十日、改めて景勝に応援を求め、二千でも三千でもいいから出してくれたら有り難いと返事を書いた（⑮一〇二、新三―六五〇）。

二十九日、信忠は高遠城を守る仁科盛信《にしなもりのぶ》に降参を促したが、盛信が応じなかった。仁科盛信らがまさに戦おうとしたこの日、武田家臣の中でも最大の勢力を持つ穴山信君《あなやまのぶただ》（梅雪斎不白）は、勝頼を見限って徳川家康に臣属した（山一一〇二）。

三月二日の払暁に織田軍は高遠城に攻撃をしかけた。武田方は大手口から打って出て数刻争ったが、多くの者が打ち取られたため、城の中に逃げ帰った。そこへ、織田勢が乗り入れ、大手と搦め手の双方から城中に入った。武田軍は死力を尽くして戦い、城将仁科盛信、副将小山田昌行《おやまだまさゆき》ら、四百人が壮絶な戦死を遂げ、城は陥落した（⑮一一六）。

なぜ家臣たちは裏切ったのか

それにしても、なぜこんなにまで簡単に武田軍団は解体したのであろうか。

我々の武士のイメージには、肥前藩士山本常朝《やまもとつねとも》の談話を同藩士田代陣基《たしろつらもと》が筆録した『葉隠《はがくれ》』の影響がある。この書では「武士道と云は、死ぬ事と見付たり」とされ、しかもそれは主人のために死ぬことであった。ところがこれは特異なもので、近世を通じてこのような武士道が理想とされてきたに過ぎず、戦国の武士の実態とは異なる。

戦国の武士にとっては自分の家の永続・名字を伝えることが主家の存続より大事であった。主家は替えられるが、自分の家は断絶したら終わりだった。だからこそ信玄が信濃に攻め入ると多くの城が自落《じらく》し、ほとんどが信玄になびいたのである。それまでの社会慣行では降伏して出仕すれば、地域の領主や武士は本領が安堵された。実際武田家もそうして勢力を拡大してきたので、家臣たちの間に主を替えることは反逆だとの感は弱かった。この経験から武田の家臣たちも家を維持するために武田家より勢力の大きな信長に乗り換えようとしても、不思議はない。

特に穴山信君の場合、武田の一族であって、武田の本家がなくなれば彼が惣領になれる立場にあった。このままいけば自分の家も断絶し、しかも武田一族もなくなってしまう。それならばこの際早めに織田・

徳川方に帰順して家名を残し、あわよくば武田の家そのものを継ごうとしたとしても非難されるべきではないのである。

攻めてくる側からしても自らの兵力を損なわずに相手を屈服させるのが一番良いので、寝返ってくる者を喜びこそすれ拒否することはなかった。信玄が戦争で内応者を作ったのもこの目的による。したがって、織田軍も積極的に内応者を作ろうと努力し、社会慣行から武田の家臣もこれを受け入れたのである。

ところがいったん全国統一がなされると、体制維持のために武士は主君のために死ぬのが当然だとするイデオロギーが成長し、主君の側はこれを教育した。この論理でいけば武田の家臣たちは主君を裏切った悪者となるのである。彼らの動向の評価は当時の人々にとってこの行為が社会一般から全面否定されるものであったかどうか、考えていかなくてはならない。

3　天目山

武田家滅亡

二月二十八日、勝頼父子と信豊は上原を打ち払い、新府の館に兵を納めた（『信長公記』）。三月三日に信忠は上諏訪表に兵を出し所々に放火したため、諏訪上社さえ灰燼《かいじん》に帰した。同じ日、家康は穴山信君を案内者として、駿河から甲斐に乱入した。

勝頼は高遠城で時間をかせごうとしたにもかかわらず案外早く落城し、信忠が新府へ向けて軍勢を動かし、味方が次々と脱落しているとの情報を得た。こうした中で新府在城の上下一門や家老の衆などは、穴山信君の動きを見て堰《せき》を切ったように勝頼を見限った。家臣がほとんど逃げ、親類の者にまで見捨てられた中で、勝頼は新府城に立て籠って戦うのは無理だと判断し、三月三日午前六時ころに城へ火を放ち、自然の要害である岩殿城《いわとのじょう》（山梨県大月市）に向かうことにした。

勝頼一行が勝沼（山梨県甲州市勝沼町）を過ぎてから、頼りにしていた小山田信茂が味方できないと連絡してきた。勝頼が新府城を出た時には侍分の者が五、六百人もいたのに、途中で次々と去って、従う者はわずかに四十一人になってしまった。行く手をさえぎられた勝頼一行は、武田家にとって古くから縁のある天目山《てんもくざん》の麓、田野《たの》（甲州市大和町）の平屋敷に防御のための柵を設け、陣所として足を休めた。応永《おうえい》二十四年（一四一七）に武田信満が木賊山《とくさやま》で自殺した後、再び武田家が勢力を回復した歴史を前提に、一族再生の夢をこの地の由緒に託したのであろう。

三月十一日、勝頼父子・簾中・一門の者が駒飼《こまかい》（甲州市大和町）の山中に引き籠ったと滝川一益が聞いて捜索したところ、田野に居陣していることがわかったので、手の者に命令して一行を取り巻かせた。勝頼一行は逃れ難いことを知り、互いに刺し殺し自刃した（あるいは戦死）。この時、勝頼は三十七歳、夫人は十九歳、信勝は十六歳だった。

甲斐・信濃・西上野・駿河などに大きな勢力を張った戦国大名の滅亡としては、あまりにあっけないものであった。

滅亡する戦国大名の中で

視野を広げて戦国大名の滅亡を見ると、どのような終わり方をしているのであろうか（以下の記述の多くは『日本史広辞典』〈山川出版社〉に負う）。

中国地方最大の戦国大名は大内氏で、義隆《よしたか》は七ヵ国守護となった。天文二十年（一五五一）家臣の陶晴賢《すえはるかた》に討たれた。その跡に晴賢によって義隆の甥の義長《よしなが》が擁立されたが、弘治元年（一五五五）厳島《いつくしま》（広島県廿日市市）の戦いで晴賢が毛利氏の前に戦死すると、大勢が決せられ弘治三年、長門国長府（山口県下関市）で自殺し、大内氏は滅亡した。

戦国大名の中でもっとも名門で、天下取りに近い位置にいたのは今川義元であった。彼は永禄三年（一五六〇）駿河・遠江・三河の大軍を率いて西上しようとしたが、暴風雨をついた織田信長の襲撃によって五月十九日桶狭間（愛知県名古屋市）において命を失った。その子氏真《うじざね》の代になると今川氏の勢力は衰え、永禄十二年（一五六九）領国を北条・武田・徳川に奪われて大名としての地位を失った。元亀二年（一五七一）以後、後半生のほとんどを家康の保護下に過ごした。子孫は高家《こうけ》となり江戸幕府に出仕した。

永禄四年（一五六一）に家督を継いだ美濃の斎藤龍興《さいとうたつおき》は、織田信長の美濃侵攻によって永禄十年（一五六七）美濃を放棄した。一向一揆・三好三人衆・浅井氏などを経て朝倉義景《あさくらよしかげ》を頼ったが、天正元年（一五七三）信長が義景を攻めた際、越前国刀禰《とね》坂（福井県敦賀《つるが》市）で敗死した。

越前の朝倉氏が滅びたのは義景の代であった。元亀元年（一五七〇）四月、信長が敦賀に侵攻してきた。義景は浅井《あさい》長政《ながまさ》と結んでいったん信長を撤退させたが、六月に信長と徳川家康の連合軍に近江国姉川《あねがわ》（滋賀県長浜市）で敗れた。天正元年義景は信長を討つために出兵したが大敗し、追撃されて一乗谷に火を放った後、越前国大野郡賢松寺《けんしょうじ》（福井県大野市）で八月二十日に自害し、朝倉氏は滅んだ。

近江の浅井氏は長政の代の元亀元年（一五七〇）に姉川で織田・徳川連合軍と戦って敗れ、天正元年八月に小谷城《おだにじょう》（滋賀県長浜市）を攻められ八月二十八日に自害して滅亡した。

肥前の戦国大名龍造寺隆信《りゅうぞうじたかのぶ》は永禄十二年（一五六九）と翌年の大友宗麟《おおともそうりん》の侵攻を退け、肥前を平定し、筑前・筑後・豊前にも進出したが、天正十二年（一五八四）の沖田畷《おきたなわて》（長崎県島原市）の戦いで、島津・有馬の連合軍に敗れて戦死した。彼は天正八年に政家《まさいえ》に家督を譲っており、家は続いたが昔日の勢いは取り戻せなかった。

相模の北条氏は北条氏直《ほうじょううじなお》が天正八年（一五八〇）に家督を継いだ。本能寺の変後に天下を握った豊臣秀吉から臣従の礼を求められたが応じず、天正十六年（一五八八）叔父の氏規《うじのり》を派遣し、その間に戦争を避けることはできないと判断して軍備の増強に努めた。天正十八年豊臣秀吉の小田原攻めでは小田原城に籠もって抵抗したが敗れ、降伏の後高野山で謹慎した。翌年許されたがまもなく大坂で死没し、北条氏の正嫡は絶えた。

天下統一の途上にあった織田信長は本能寺の変で横死、嫡男の信忠《のぶただ》もまた戦死した。豊臣秀吉によって擁立された継嗣秀信《ひでのぶ》は、のち関ケ原の戦に西軍に属して岐阜城を守ったが敗れ、高野山に入って数年後に没した。これによって織田家嫡系は絶えた。信長の次男の織田信雄《おだのぶかつ》は秀吉と対立し、徳川家康と結んで天正十二年に小牧《こまき》・長久手《ながくて》で戦ったが、同年中に講和した。彼は天正十八年の小田原攻め後に転封を拒否して失脚したが、大坂の陣後に家康から大和国松山藩五万石余を与えられた。信長の三男、信孝《のぶたか》は清洲会議の結果岐阜城主となったが、その後秀吉の処遇に不満を持ち、天正十一年に柴田勝家と結んで打倒をはかって失敗し、尾張国野間（愛知県美浜町）で自害した。

土佐の長宗我部《ちようそかべ》氏は元親《もとちか》が天正十三年（一五八五）四国を制覇したが、同年豊臣秀吉に敗れて土佐一国の領有を承認されたものの、その子盛親《もりちか》が関ケ原の戦で西軍について敗れ、所領を没収された。さらに慶長十九年（一六一四）大坂の陣に参加、翌年五月藤堂高虎《とうどうたかとら》との戦いで敗走、後に橋本で捕らえられ、京都六条河原で斬死して家が絶えた。

こうして滅亡あるいはそれに近い有名な戦国大名家の末路を見ると、

【敗戦を契機に一気に瓦解して滅亡したもの】

大内氏・斎藤氏・浅井氏・朝倉氏・北条氏・織田氏・長宗我部氏

【戦いに負けて勢力を失ったが何とか家をつなげられたもの】

今川氏・龍造寺氏

とに分かれる。

大きく見ると織田信長と直接戦ったものは滅亡している。戦国を超えて近世まで残った大名は畿内から離れた地域に住み、できあがった統一政権の前に屈服した者たちである。

したがって、あれだけ大きな勢力を持ち、直接信長領国と領域を接していた武田家の場合、戦って勝つか、いち早くその配下に降るしか生き延びる道はなかったが、勢力の大きさと家系からして後者の道はとれなかったのである。

勝頼は劣った戦国大名か

武田家滅亡に至る状況からして、勝頼は戦国大名として劣っていたといえるのであろうか。

確かに勝頼は長篠合戦で敗れたが、その後の動きを見ると決して劣った戦国大名とはいえない。わずかの間に領国内にきめ細かい支配を実施して力を付け、新府城を築くまでに至ったのである。人によっては上杉景勝と結びついたのを判断ミスだというが、仮に上杉氏と結ばなかった場合、北条氏の勢力は関東から上杉領国に至るまで広がるので、武田領国の周囲を囲んだ北条氏によって攻撃された可能性が高い。御館の乱で勝頼が選んだ、上杉、武田、北条を分立させバランスを取りながら、上杉に恩を売って自分の勢力を大きくするとの選択は、決して否定されるものではない。

もし天正十年に滅ぼされなかったとしても、また北条氏の攻撃を受けなかったとしても、その後に武田家が滅ぼされなかったと結論づけることはできない。統一国家を作る段階で、勢力のある大名は覇者の実力によって否定されたからである。

戦国時代を生き抜こうとする時、何よりも武田家に欠けていたのは大きな港で、このために全国的な流通や海外貿易に関わることができなかった。同時に武田家の根拠地が京から遠かったため、将軍や天皇といった旧来の権威を抱き込むことも難しかった。最新の武器も、全国的な情報も、甲斐を中心とする地方にいたのでは集めにくかった。したがって、仮に武田家でもっとも評判が高い信玄が生きていたとしても、戦国時代を勝ち残ることができたかどうか心許ない。

戦国時代を生き抜くには、他の戦国大名と同じレベルの力を持っていたのではだめで、時代を先取りし、自分たちの時代を乗り越えていく能力が必要だった。勝頼は戦国大名として優れていたとはいっても、織田信長ほどの革新性はなかった。彼は優秀ではあったが、信長ほどではなかったのだろう。特に直情型の性格で、腹芸を得意としなかった上、武田家と諏訪家双方の血筋を受けた名門意識もあって、信長の配下に安んずることもできなかった。こうしたことが重なって、勝頼は天目山の露と消えたのである。

ところが勝頼を破った信長にしても、本能寺の変に遭い、畳の上で平穏な死を迎えられなかった。その後を継いだ豊臣秀吉も子供の行く末を心配しながら死んでいった。勝ち残った者も必ずしも幸せだったとはいえまい。

信長や秀吉に攻め滅ぼされた戦国大名は、社会の中でそれだけの役割を果たしたが、結局天下統一という過程で、覇権を意図した者は倒され、覇権争いをリタイアした大名は、統一政権の下に位置づけられていったのである。勝頼の場合、最後まで他の権力のもとに跪くつもりはなかっただけに、信長によって倒されたわけで、それはまさに戦国大名らしい選択であったといえよう。

増幅する武田信玄伝説

武田家が滅んで四百年以上も経ったのに、山梨県人は現在でも信玄に特別な思いを抱く。最後にこの点について触れておこう。

武田家滅亡後の天正十年（一五八二）三月二十九日、織田信長は河内を除く甲斐国領主に河尻秀隆《かわじりひでたか》を封じ、河内は穴山信君に本領安堵した。ところが六月二日、本能寺の変によって信長と長男信忠が没し、織田領国は混乱の巷と化した。六月二日穴山信君は宇治田原で一揆に殺され、十五日には河尻秀隆も国人一揆によって殺された。

こうして主のなくなった甲斐をめぐって徳川家康と北条氏直が取り合いを始めたが、結局、武田家旧臣を取り込んだ家康が押さえた。家康は甲斐を領有するために武田家旧臣を優遇せざるを得なかったのである。そして家康は実に見事に武田家の遺産を利用し、統治の道具として彼らを利用した。

この家康が豊臣秀吉の没後に天下を握ったことが、武田家に対するその後の甲州人の意識に大きな影響を与えた。家康は江戸幕府の開創者として東照大権現《とうしょうだいごんげん》の神号を与えられ、江戸時代を通してもっとも尊崇された。神に祀られるほどの人物で、その生涯を通じてほとんど戦いに勝ってきた家康がただ一度完膚なきまでに負けたのが元亀三年（一五七二）十二月の三方ヶ原の戦いであった。家康をも破った名将武田信玄のイメージは、江戸時代の初頭につづられた『甲陽軍鑑』によって増幅された。

小幡景憲《おばたかげのり》が編纂した形を取るこの本は、甲州流軍学の立場をよくするために書かれており、実像以上の信玄が描き出された。信玄を偉大にするトリックとして父親信虎の凶暴性が強められ、鳶《とび》が鷹《たか》を産んだように信玄を高めた。そして勝頼を劣った人物として描くことによって、信玄の偉大さはより強調されたのである。『甲陽軍鑑』は江戸時代の武士にとって教科書のような役割をも持ち、甲州流軍学がもてはやされた。これに対抗するように上杉流軍学が自己主張をし、それによってさらに信玄の株も上がった。江戸時代を通じてもっとも読まれた本の一つ『甲陽軍鑑』を根にして、各地に存在する武田伝説の多くが実体化されていったのである。

甲州関係者で信玄を高める大きな役割を果たした人物に柳沢吉保《やなぎさわよしやす》がいる。彼は宝永元年（一七〇四）に甲府藩主となった。柳沢氏は土豪集団である武川衆《むかわしゅう》の出で、天正十年（一五八二）に家康が甲斐に入るに際して活躍し取り上げられたが、系譜を高めるために武田家との関わりを強調した。吉保はこの動きをさらに加速させ、甲府藩主になったこともあって、直接甲斐源氏で信玄の跡を継ぐ者だと主張した。自分は武田一族だとの意識と共に政治的な理想としての信玄時代が想起され、通用を禁止されていた武田家時代にあった甲州金の復活などが行われた。吉保によって信玄の神格化がさらに進んだのである。

江戸時代を通じて甲斐では武田氏の時代にはその家臣であったが、滅亡後に百姓身分になったのだと主張する、いわゆる武田牢人の家が多くあった。彼らは何度かの波を持ちながら系図などで家の由緒を主張したが、その都度主君であったとされる武田家の歴史も実像以上に大きくなっていった。

近代になると信玄を神格化する動きが出てきた。そのもっとも大きなものが武田神社創建であった。大正天皇の即位式が行われた大正四年（一九一五）十一月、武田信玄に従三位が贈位されたのをきっかけに、武田神社が躑躅ヶ崎館跡に建立されることになり、大正八年四月十一日に本殿の落成鎮座祭が執行された。神となった信玄はこれまで以上に理想化されていったのである。

甲州人にとっての武田家

信玄のイメージは武田家滅亡後に強められた。確かに信玄時代の甲州は武田領国全体からさまざまなものを奪ってきており、文化的にも高揚し、甲州人がもっとも自信を持って躍動していた時代だったかもしれない。これをもたらしてくれた時代のシンボルとしての信玄が懐かしまれた。実態としても信玄は社会の要求を取り入れながら、政治をリードし、地域住民に一定度の満足を与えていた。それが郷愁となって、甲州人には実態以上にすばらしい人となったという側面もあろう。

副総理になった金丸信《かねまるしん》が今信玄として一時期もてはやされたのも、甲州出身で、政治力があり、地域に富をもたらしてくれるかもしれないと、新潟の田中角栄を念頭に置きながら期待されたからであった。こうした意識が甲州人の信玄びいきをかき立てることにつながったのである。

甲府盆地を中心とする狭い世界に生きた甲州人にとっては、甲州統合のシンボルとしても信玄があった。昭和四十四年（一九六九）四月十二日には武田信玄公奉賛会によって建立された甲府駅前の信玄の銅像が除幕された。この信玄像は高野山成慶院に伝わって長らく信玄像とされてきたものをモデルにしている。このような像が建てられ、現在も駅前で県民と毎日顔を合わせていることによって、山梨県民の信玄イメージも再生産されているのである。

信玄の事績は時代を通じて『甲陽軍鑑』や甲州牢人たちの家の主張などによって、甲州各地に発見され、創作されていった。極言するなら偉大な信玄のみならず、武田家にまつわる伝説を一つも持たないようでは、何となく甲州では肩身が狭いような状況だったのである。そこでさまざまな武田家伝説が語られたが、伝説には必ず木や石などのものが付随している。伝説を持つモノを通じて、甲州人の信玄に対する意識はさらに増幅されたのである。

甲州人は年輩の方なら、「信玄」と呼び捨てにせず「信玄公」と呼ぶが、戦後の教育の中で、神格化された信玄像から離れ、甲州人であっても信玄に興味を示さない者も増えてきた。甲州生まれの私にとって信玄は一人の研究対象に過ぎず、「信玄」と呼び捨てにして年輩者の不興を買う。信虎、信玄、勝頼に対する社会のイメージも、時代時代の変化の中で作られてきたものであって、歴史意識もまた歴史的な社会の産物なのである。

ゆとりの教育が叫ばれ、総合学習が導入されるが、きっと山梨県ではいろいろな形で信玄が素材に使われるのではなかろうか。その中で、子供たちによって新たな武田家像が生まれてくることを期待する。

あとがき

「まえがき」に書いたように、多くの人は戦国大名を自分の力を頼りに、意のままに行動をした、うらやましい生き方ができた人間だと思っているようである。

戦国大名の典型とされる武田家の当主といえども、決して自分の思うがまま自分勝手に行動できたわけでないことは、本書で明らかである。彼らは社会と時代の制約の上で必死になって生きていたのであり、現代の我々からすると、とても個人的な自由があったとは思えない一生を送った。

また知人の見方の背後には、戦国時代人も現代人と同じ環境と意識で生きていたとの理解がある。ところが戦国大名は我々とは遠く離れた意識を有し、現代とまったく異なった社会に住んでいた。それがもっとも明確に出るのが彼らの神仏に対する考え方である。本書に述べてきた戦国大名の神仏への態度の変化は、この時代に日本人の考え方が大きく転換を遂げたことを示している。

神仏を絶対的なものとする中世的な考え方から、神仏も統治の手段だとする近世的な考え方への大きなターニング・ポイントに位置しながら、戦国大名は全国統一を目指した。しかしながら覇者は一人しか存在できず、多くの戦国大名はその下に座る場所を求めるか、戦って死んでいくしか道がなかった。勝頼の場合は、後者の典型的な例であった。

ともかく、戦国大名は国と時代の代表者として束縛を常に受けながら、軍事指揮官、政治家、そして一族の長、家庭人と、実に多面性を持ちながら時代を泳ぎわたっていこうとした。しかも戦国の世にあっては、彼らの前にある課題をきちんと処理できなければ、戦死というかたちで人生を終えていかざるをえなかった。

現在、立場上もっとも戦国大名に似ているのは総理大臣や県知事であろう。戦国大名の場合には軍事判断などに失敗すれば命をも失う厳しい状況に置かれ、国民を引きつける能力がなければ追放され、あるいは戦争で敗北することになる。そのポストを去るのは命を失うか、ほとんど実権を失う時である。ところが今の政治家は一時的にそのポストに座るだけであって、たとえ政治的判断ミスをしても死をもってつぐなわされることはないし、ポストを去ってからも政界に影響力を持ち続ける。また彼らは国民や県民の信頼度が低くともそれほど気にもしない。公共性という面一つ見ても、私には戦国大名の方が今の政治家より遥かに気を遣っていたと思える。

戦国大名があれだけ神経を使って領国統治を行い、戦争を行ってきて、最終的にどれだけの利益が得られたのか、心の平安はどうだったのかと考えると、私は職業として戦国大名を選びたいとは決して思わない。読者の皆さんはいかがであろうか、本書を読んでもやはり戦国大名にあこがれるであろうか。

最後に、もう少ししっかり学びたい人のために、私がこれまでに書いた武田家関係の文献を挙げておく。本書は、私がこれまで行ってきた研究の上に立っているので、参照していただけたら幸いである。

『武田氏三代と信濃―信仰と統治の狭間で―』（郷土出版社、一九八八年）
『戦国大名と職人』（吉川弘文館、一九八八年）
『戦国大名武田氏の信濃支配』（名著出版、一九九〇年）
『中世の音・近世の音―鐘の音の結ぶ世界―』（名著出版、一九九〇年）
『中世的世界から近世的世界へ―場・音・人をめぐって―』（岩田書院、一九九三年）
『戦国大名武田氏の研究』（思文閣出版、一九九三年）
『長野県の武田信玄伝説』（岩田書院、一九九六年）
『山梨県の武田氏伝説』（山梨日日新聞社、一九九六年）
『武田氏と御岳の鐘』（山梨日日新聞社出版局、一九九六年）
『武田信玄―伝説的英雄像からの脱却―』（中公新書、一九九七年）
『川中島合戦は二つあった―父が子に語る信濃の歴史―』（信濃毎日新聞社、一九九八年）

このほか、武田家についての、基本的参考文献として以下がある。

渡辺世祐『武田信玄の経綸と修養』（更級郡教育会、一九二九年）
奥野高広『武田信玄』（吉川弘文館、一九五九年）
井上鋭夫『謙信と信玄』（至文堂、一九六四年）
上野晴朗『甲斐武田氏』（新人物往来社、一九七二年）

磯貝正義『定本武田信玄』（新人物往来社、一九七七年）
上野晴朗『定本武田勝頼』（新人物往来社、一九七八年）
柴辻俊六編『武田氏の研究』（吉川弘文館、一九八四年）

また、武田氏研究会より会誌『武田氏研究』が出ており、論文目録なども充実している。

二〇〇〇年二月

笹本正治

補論　武田信玄と川中島合戦

本書で私は戦国大名がいかに厳しい環境の中で日常生活をしていたかを強調した。テレビや映画、小説などでは戦国大名が絶対者のように描かれ、なんでも望み通りにできたかのように思われがちだが、社会慣行や家族、家臣など、多くの枠組みに規制されながら日々を送っていたのである。

武田氏三代が関わったもっとも有名な合戦は川中島合戦であろう。そこでこの合戦に関係する古文書から、いかに信玄（晴信、以下信玄で統一）が地元の武士などに気を遣いながら動いていたか、ワンマンとはかけ離れた彼の姿の一端を確認して補論としたい。

屋代氏の動き

天文二十二年（一五五三）四月九日、坂木《さかき》（埴科《はにしな》郡坂城《さかき》町）葛尾城《かつらおじょう》に根拠を置く村上義清《むらかみよしきよ》が越後へ逃れ長《なが》尾景虎《おかげとら》（以下上杉謙信で統一）に支援を求めた。

四月十六日、信玄は屋代左衛門尉《やしろさえもんのじょう》（政国《まさくに》）へ「先度雨宮《あめのみや》（千曲市）の儀、判形進《まい》らせ候き。重て御所望について一筆を染め候。右意趣は、今度の忠信まことに他に異無く候間、雨宮の地これを進せ候」と所領を宛がった。

先度がいつかは明確でないが、義清が坂木の地を去る前から屋代氏は信玄と連絡を取っていた。雨宮は村上氏居館跡（現・満泉寺《まんせんじ》）から北西に一五キロほど、屋代氏の根拠地の屋代城からだと北西に約四キロほどの距離にあり、地形などからすると信玄の勢力下とはいえなかったが、雨宮を領地として求め、信玄は約束手形を出していたのであろう。

川中島合戦は地元武士にとってはどちらにつくかで大きな飛躍が期待できる機会だったので、自身の判断によって信玄や謙信を呼び込もうとしたのである。

第一次川中島合戦

『高白斎記《こうはくさいき》』によれば、天文二十二年（一五五三）四月十八日に小県《ちいさがた》郡に勢力を持っていた室賀《むろが》氏が信玄に出仕してきた。室賀氏は進退を信玄に賭けたのである。

二十二日、武田軍は八人の頭を擁して八幡《やわた》（千曲市）の筋へ出発した。そこで五千ばかりの敵に遭遇し、二十三日に葛尾在城の於曽源八郎《おそげんぱちろう》が討ち死にした。二十四日の午前八時ころ、信玄は苅谷原《かりやはら》（松本市刈谷原町）へ馬を収めた。二十五日に大日方《おおひなた》（大日向、上水内郡小川村）を根拠とする大日方入道の代理の者が来て、高白斎の陣所に宿泊し、麻績《おみ》（麻績村）・青柳《あおやぎ》（筑北村《ちくほくむら》）・大岡《おおおか》（長野市）のことについて談合した。

信玄は五月朔日に深志《ふかし》城（現・松本城、松本市）へ出張った。

八幡の合戦で敗れた武田軍は、七月になると村上方の諸城を落とし、義清の立て籠もる塩田《しおだ》城（上田市）を攻めたので、八月に義清が越後へ逃れた。

八月八日に信玄は屋代政国へ、雨宮の替地として新砥《あらと》（荒砥、千曲市）を渡し、そのほか、雨宮のうち大下条・小下条も同様だとすると書状を出し、八月八日に政国に雨宮の替地として新砥を与えた。政国の約束手形は四月十六日に実行されたのである。

翌九日、信玄は大日方美作入道等に条目を送り、義清軍に備えさせ、奥郡（更級・埴科・水内・高井）が思う通りになったら土地を与えるなどと伝えた。信玄は宛行を条件に味方を増やそうとしていた。

謙信は九月一日、北信濃へ出陣し、布施《ふせ》（長野市篠ノ井）の戦いで武田軍の先鋒を破り、荒砥城を落とし、三日に青柳城を攻めた。武田軍は荒砥城に夜襲をかけ、上杉軍の退路を断とうとした。結局、謙信は八幡原まで兵を退かせた。九月二十日に越後国へ引き揚げ、信玄も十月十七日に甲府へ帰還した。これが第一次川中島合戦である。

勝手に動く信濃武士

年未詳の四月二十五日に信玄は、現在の長野市松代町を拠点とする寺尾《てらお》刑部少輔に「山田の城へ敵相移り候処、不日行《てだて》に及ばれ、城を押し落とし、敵数多討ち捕らえらるるの条、忠節誠に比類無き次第に候。今度高名の衆へ感状《かんじょう》、三日の内に認《したた》め、これを遣わすべく候。仍って越国衆出張候の由に候間、今日諏訪《すわ》郡へ移り、二十八日に佐野山まで馬を進むべく候。なお、いよいよ戦功肝要たるべく候。恐々謹言」と書状を出した。

この書状が書かれた順序は次のようなものだろう。寺尾氏が「敵が山田の城へ移ったのですぐに対応して、城を落城させ、敵をたくさん討ち捕らえた」と信玄に報告した。信玄は「そなたの主君への忠義をかたく守ろうとする気持ちは比べる対象がないほどすばらしい。このたび手柄を立てた者たちへの感状（戦功のあった者に対し主家や上官が与える賞状）を三日のうちに書いて与えるようにする。越後勢が信濃に出向いてきたとのことなので、私は今日諏訪郡へ移り、二十八日に佐野山まで馬を進めるようにする。そなたはよりいっそう、戦功を挙げることが大事である。おそれながらつつしんで申し上げる」と返答した。

寺尾氏は信玄の指示がないのにも勝手に山田の城を落とし、戦果を報告して褒美を求めた。これに対して信玄は三日のうちに感状を出すと約束した。そして、寺尾氏に謙信の情報を流し、よりいっそうの戦功を求めた。内容と丁重な書式から、信玄が地元武士に気を遣わねばならなかった状況が読み取れる。

山田の城については千曲市の荒砥城と高山村の枡形城跡（山田要害）が考えられる。佐野山も千曲市桑原古家と山ノ内町佐野がある。文書の発給された年については天文二十四年（一五五五）と弘治三年（一五五七）の二説があるが、いずれにしろ地域の武士は自分の立場をよくするために、敵を勝手に攻撃し、戦果があればそれを信玄に伝え、利益を得ようとしたのである。

築陣費用捻出と約束手形

天文二十三年（一五五四）、信玄は信濃南部の伊那郡を制圧した。そして、年末には相模《さがみ》の北条氏、駿《する》河《が》の今川氏と同盟を結んだ。

天文二十四年、善光寺の堂主栗田永寿《くりたえいじゅ》が信玄に属し、長野盆地南半分が武田の勢力下に入った。信玄は三月、謙信は四月に長野盆地北部に出陣した。信玄は七月十日に松代に根拠をおいた清野氏に次の文書を出した。

今度、綱島《つなしま》再興に就いて、相渡候地行の内、日記を以って預り借り候。祝着に候。然らばその外二百貫　清野《きよの》郷（長野市松代町清野）

百五十貫　上野郷（長野市上野）
百五十貫　八町郷（須坂市八町）
七百貫　蔵科《くらしな》庄之内（千曲市倉科）
七十貫　藤巻郷（長野市稲里町）
七百貫　雨宮郷（千曲市雨宮《あめのみや》）
七百貫　生仁《なまに》郷（千曲市）
七百貫　大下條郷（千曲市雨宮）
八百貫　蔵科庄之内（千曲市倉科）
百五十貫　上野郷（長野市上野）
以上
この分の如く、いささかも相違あるべからず。所帯役の事は、三千貫に相定め候。恐々謹言。
天文二十四乙卯年
七月十三日晴信（花押）
清野左近□□殿

第二次川中島合戦に際し、信玄は大塚《おおつか》（大塚館跡、大堀館跡。現・更北中学校）に陣を敷いた。綱島再興とはここに陣地を造ることで、そのための資金を徴収しようとして、清野氏に渡した地行のうちから帳簿に従って先に年貢を徴収した。そのほかに清野氏の知行地を確認し、全体として納める基準額を示した。

記された清野氏の貫高は四千三百二十貫であるのに、三千貫という三分の二程度で手を打っている。信玄は何としても清野氏を懐柔させ、味方にしておきたかったのである。「預り借り」の文言や、三分の二程度の所帯役といい、信玄の立場が弱かったかがわかる。

清野氏の所帯には信玄の勢力下に入っていない現須坂市内までが入っている。清野氏はいち早く信玄と結びつくことによって、所領を拡大させ、利益を得ようとして、まだ信玄が押さえていない場所まで安堵してもらった。武田氏に築陣資金を出しておくことが、今後の自分のためになると、保険金のようなつもりで拠出したのではなかろうか。

ここに示された知行地は清野氏の提示に従っており、実態として信玄が宛がったものではなかった。実際に清野氏がこれらの場所を支配していたかも疑わしい。こうして信玄が認めた判物を出した以上、戦争が武田の勝利に終わったら、これらの地域は清野氏の所領だと公認されることになる。

戦線に居住する領主たちはどうすれば自分の勢力を大きくできるかを考え、信玄や謙信を利用して所領を増やそうとしていたのである。その思惑に信玄も謙信も呼応していた。

第二次川中島合戦

栗田永寿と武田援軍兵三千は旭山城《あさひやま》（長野市平柴）に籠城した。信玄は彼らを助けるために弓八百張と、鉄砲三百挺を城中に入れた。謙信軍は旭山城の真正面に葛山城《かつらやま》（長野市）を築いた。信玄は旭山城の後詰として川中島へ出陣、前述の大塚で敵軍と対陣した。

七月十九日には上杉軍が戦いをしかけ両軍が戦った。この時の合戦では信玄が多くの感状を出している。

そのうちの一つが「蘆川《あしかわ》との」にあてた、「今十九、信州更科《さらしな》郡川中島に於いて、一戦を遂ぐるの時、頸《くび》壱討ち捕らえるの条、神妙の至り、感じ入り候。いよいよ忠信を抽《ぬき》んずべき者也なり」の文面の朱印状である。

今日、十九日に川中島合戦に際して敵の首一つを討ち取ったことは神妙の至りで、感じ入った。これからもいよいよ忠信を尽くすようにとあり、朱印が捺され、敬称文言も「との」と軽い。文書は戦いが行われた十九日付けで、こうした文書がたくさん発給された。おそらく蘆川氏が取った首実検をして、その場で感状が出されたのであろう。戦争が終わった直後にもこのようなことをしていたわけで、信玄は休む暇もなかった。

その後も、両軍は二百日余にわたり対陣したが、閏十月十五日に今川義元の仲介で和睦が成立し、両軍は撤兵した。

城攻撃と改修

信玄は七月十九日に高井郡志久見郷《しくみごう》（現・下水内郡栄村《さかえむら》を中心とする一帯）に勢力を持った市川信房《いちかわのぶふさ》に安田遺跡を宛がった。信玄の影響力は信濃の北端にまで及んだ。

八月八日に信玄は真田幸綱《さなだゆきつな》（幸隆）ほかに、雨飾城《あまかざりじょう》（尼飾城、尼厳城、東条城。長野市松代町）攻略を促した。その結果、八月には真田幸綱・小山田虎満らが雨飾城を陥落させた。同月、謙信家臣の大熊朝秀《おおくまともひで》が武田氏に内通し挙兵したが、十三日に越後駒帰《こまがえり》（糸魚川市青梅）で謙信に敗れ、武田家に仕えた。

八月二十五日に信玄は西条《にしじょう》治部少輔《じぶのしょう》へ「東条普請の儀、頼み入り候旨、一輪を染め候処に、則ちその意に応ぜられ、自身着城有り、辛労の至、殊更去年以来還附いまだ安居有るべからず候処に、この如くの儀誠に謝する所を知らず候。いよいよ挊《かせ》がるるについては、快悦《かいえつ》たるべく候」と書状を送り、東条城（雨飾城）普請を賞した。

信玄は雨飾城を落城させると、城と旧主東条氏との縁を断ち切り（破城）、城を修築・改築した。その責任を西条氏が負っていたのである。信玄の文面に気遣いが見られる。戦線に近い地域領主はこのように、自らの意思で信玄の配下に組み込まれていった。

謙信の願文

弘治三年（一五五七）正月、謙信は更科八幡宮（現・武水別神社《たけみずわけじんじゃ》、千曲市）に武田氏討滅を祈願した。願文では最初に神社の歴史を記し、信玄が信州に乱入し、住国の諸士がことごとく滅亡している。神社仏塔を破壊し、国の悲嘆累年に及んでいる。自分は信玄に対し、闘諍《とうじょう》を決すべき遺恨がないわけではない。隣州の国主として近年信濃を助勢している。この国の静謐《せいひつ》のために勝たせてほしいと記した。

武田軍は犀川《さいがわ》以北への進出をはかり葛山城を攻め、二月十五日に落城させ、飯山城（飯山市）に迫った。信玄は三月十四日に出陣し、北信濃の国衆への褒賞などを行った。そして同日、木島出雲守・原左京亮に「一日の注進状、今十四日戌刻着府、披見の如くんば、越国衆出張の由に候や。もとより存知の前に候条、不図《ふと》出馬候。委曲陣前において直談を遂ぐべく候趣、具《つぶさ》に承り候」と、川中島出陣を伝えた。

四月十八日に謙信が出陣し長野盆地に着陣した。彼は以後六月にかけて北信濃の武田方の諸城を攻め、高井郡山田城、福島城（須坂市）を落とし、長沼城（長野市穂保）と善光寺を奪還し、横山城（長野市箱清水）に着陣して、旭山城を再興して本営とした。五月になると坂木の岩鼻《いわばな》（坂城町と上田市の境界）まで進軍した。

　五月十日に謙信は、信濃で決戦をしようと元隆寺（現・小菅神社、飯山市）に戦勝を祈った。「武田晴信世《よよ》甲・信に拠り望を競い威を振い、干戈息む無し。越後国平氏の小子長尾景虎、去る夏以来高梨（政頼）等のため、しばしば諸葛の陣を設くと雖も、晴信終に兵を出さず。故に鉾戦を受くるに能わず。これにより景虎暫《しばら》く馬を飯山の地に立て、積年の憤を散ぜんと欲す。（中略）願わくは当山の仏慈に依り、逆賊を芟夷《さんい》せんがため、義を以って不義を誅すること、なお江河を決し爝火《しやつか》を漑《そそ》ぐが若くならんことを」と願った。

信玄の意識

合戦を続けるためには、信玄も謙信も自らの正当性を主張しなければならなかった。信玄は将軍足利義輝へ謙信との和睦条件に信濃守護職を要求した。その結果、永禄元年（一五五八）正月十六日、信玄は信濃守護、嫡男武田義信は三管領《さんかんれい》に補任された。

　年未詳の三月九日（柴辻俊六氏は弘治三年かとしている）、晴信（信玄）は諏訪社上社神長殿（守矢頼真）に次のような内容の書状を送った。諏訪社の御頭役が近年怠慢になっている。そこで、私が信濃国を一国平均したうえで、百年以前のように祭礼を勤めさせるべきだと思っていた。しかし、十五ヶ年以来戦争が止むことがないので、土民・百姓は困窮している。特に島津（月下斎）・高梨（政頼）などは今もって私の命令に応じないけれども、思うところがあって黙っていた。島津・高梨が我が軍に属したならば、私の素願のように役を勤めさせる。催促しても難渋する族には、先忠があったとしても成敗を加える。毎年三月の御祭りのことは、簡単にできることなので、当時分国の内へ、堅く下知をする。

つまり武田信玄が川中島合戦をはじめとして信濃で戦争をするのは、自分が信濃を一国平均して以前のように全信濃として諏訪社の祭礼をさせるためだというのである。

戦争と絵図

戦争に際し、信玄は地図を持っていたのだろうか。現存するものはないが、絵図を持っていたことは(弘治三年)四月十三日付の長坂虎房と日向是吉に宛てた書状で明らかである。文面によれば、鳥屋《とや》(現・戸屋城、長野市七二会《なにあい》)へ島津から番勢が加わり、そのうえさらに鬼無里《きなさ》(長野市)に向かって、夜動いたという。本当かどうか丁寧に聞き届け、帰参のうえで言上するように。帰国のついでに鬼無里筋の道筋などを見届けるのがよい。事ごとにおろそかにすることなく、見たり聞いたりして報告してくれることを待っている。「追って、小川(小川村)・柏鉢《かしわばち》(長野市中条)・鬼無里・鳥屋筋の絵図いだされ候て持参あるべく候也」と認めた。敵情を調べ、関係する場所の絵図を出せというのである。

こうして集められた絵図や地図を元に進軍ルートや戦略が定められたのであろう。

情報を運ぶ客僧

六月十一日に謙信は高梨政頼《たかなしまさより》を派遣して市河藤若《いちかわふじわか》を調略しようとした。その情報を得た信玄は、市河藤若に次のような内容の書状を出した。

六月十六日、確実に客僧《きやくそう》(国々を行脚して歩く僧。旅僧。山伏)をもって申し上げる。謙信が去る十一日に飯山に陣を移すという。伝え聞くところによれば高梨政頼がその地近辺へ入り来たって、謙信とその方の和融を取り持とうとしているとのことである。そんなことはないとは思うが、誓約の旨に任せて、心底を残らず申し届ける。幸い自分たちの陣は堅固である。来る十八日には上州衆がことごとく加勢のために統筋へ出張してくる。上田筋へは北条左衛門大夫(綱成)が着陣する。越後の衆は近日減るようなので、私の本意を申し達するつもりである。相替わらずの忠節をこいねがうところである。なお、近日中に使者を遣わして事の始中終について申し届けるようにしてほしい。

情報が漏れることを警戒して、山伏にその使いを託していた。高梨政頼が藤若を謙信の側に取り込もうとしていることまで述べている。この手紙をもらって藤若も信玄を裏切ることはできないとギクッとしたことだろう。十八日には北条氏康の加勢北条綱成《つなしげ》勢が上田に到着した。このため二十三日に謙信は飯山城へ撤退した。

使者山本勘助

信玄は六月二十三日に市川藤若に書状を出した。藤若は、「謙信が野沢の湯(野沢温泉)まで進軍してきて、自分たちのところまで取りかかろうとして、降伏を迫っているが、私は同意していない」と信玄に伝えた。

信玄は「そなたが堅固に備えをしているので、謙信は飯山に引き返したのであろう。まことに心地よい。これもすべてそなたの頼もしい働きのおかげである。とりわけ野沢在陣の時には、中野筋の後詰について飛脚で連絡をいただいた。そこで倉賀野(群馬県高崎市倉賀野町)へ上原与三左衛門尉を派遣し、当手からも塩田在城の足軽、原与左衛門尉など五百余人を真田(上田市)へ指し遣わした。しかし、敵はすでに退散していたのでどうにもならず、思うようには行かなかった。これから以後はあらかじめその旨を存じ、塩田の在城衆に申し付けておいたので、湯本より注進次第に、当地へ申し届けなくとも出陣するようにと今日飯富兵部少輔《(虎昌)》所へ下知しておいたので、安心するように」と述べた。最後に「山本菅助《やまもとかんすけ》口上有るべく候」とある。山本勘助という人物が信玄の口上を伝えているのである。

七月に謙信は野沢城・尼飾城を攻めたが、信玄は戦いを避け、謙信は飯山城に入った。七月五日、武田氏が平倉《ひらくら》城（小谷城、小谷村中土）を攻略した。

第四次川中島合戦

天文二十一年（一五五二）、北条氏康に敗れた関東管領の上杉憲政は越後国へ落ちのび、謙信に上杉氏の家督と関東管領職の譲渡を申し入れた。謙信は永禄二年（一五五九）、関東管領職就任の許しを得るため、二度目の上洛を果たし、将軍足利義輝に拝謁し、関東管領に就任した。

永禄三年（一五六〇）に謙信は関東へ出陣したが、関東の諸大名の多くが従い、軍勢は十万にも及んだ。北条氏康が小田原城（小田原市）に籠城したので、永禄四年三月、謙信は小田原城を包囲した。氏康から援助を要請された信玄は北信濃に侵攻して、海津城（現・松代城、長野市松代町）を築いた。謙信は小田原城の包囲を解いた。

閏三月十六日、謙信（長尾景虎）は上杉憲政の要請もあって鶴岡八幡宮において、山内上杉家の家督と関東管領職を相続し、名を上杉政虎と改めた。四月、信玄が割ヶ嶽城（信濃町）を攻め落とした。

八月十五日に越後を発った謙信は善光寺に着陣し、荷駄隊と兵五千を善光寺に残し、兵一万三千を率いて妻女山《さいじょさん》に陣取った。『甲陽軍鑑《こうようぐんかん》』によれば、信玄は八月十八日に甲府を出発、二十四日に川中島へ着き、雨宮の渡しを押さえ、兵二万を率いて上杉軍と対峙した。二十九日に武田軍は八幡原を横断して海津城へ入城した。

軍議において山本勘助は「二万の人数のうち一万二千で謙信の陣取る妻女山へしかけ、明日卯刻に合戦を始めれば、川を越して退くだろうから、二の備え衆で討ち取るのがよい」と進言した。この案が採用され、九月十日午前零時に闇に紛れ別働隊が海津城を出発、午前六時に攻撃を開始することになり、信玄の本隊八千は四時ころに海津城を出て八幡原に本陣を置いた。

謙信はいつもより多く炊煙が上がるのを見、明日武田軍が動くと判断、百人を残して九日午後十一時ころに全軍を率いて妻女山を発った。十日に両軍が八幡原で激突し、武田軍は信玄の弟の武田信繁《のぶしげ》や山本勘助、諸角虎定《もろずみとらさだ》、初鹿野《はじかの》忠次《ただつぐ》らが討死した。最初苦戦した武田軍は、別働隊が午前十時ころに駆け付け、攻勢に転じた。上杉軍は次第に追いつめられ、大塚、丹波島付近で犀川を渡って、善光寺方面へ退却した。信玄は八幡原に踏み止まって、午後四時ころに勝ち鬨《どき》を挙げた。これが川中島合戦を代表する第四次合戦である。

ちなみに、『甲陽軍鑑』は「その合戦、卯の刻（午前六時ころ）に始まりたるはおおかた越後輝虎の勝ち、また巳の刻（午前十時ころ）に始まりたるは甲州信玄公のお勝ちなり」と評している。

常識ではない

有名な第四次川中島合戦であるが、冷静に見ると事実とは考えられないばかりである。

一万三千人の上杉軍は妻女山に陣取って約一月近くを過ごしているが、荷駄隊が善光寺にいてルートを武田軍に押さえられているので、補給路は遮断されていた。

謙信はいつもより多くの炊煙が上がるのを見て、明日武田軍が動くと判断し、九日午後十一時ころに妻女山を発ち、十日早朝、千曲川を渡って八幡原で武田軍と激突したという。

現代の軍隊では需品科が武器・装備品以外の食料・燃料・水・被服をはじめとする物品の補給整備等を担当し、駐屯地内には糧食班があり、直接戦う者と、支援する者との役割分担ができている。戦国時代には各地の領主や兵が集まっているだけで、全体の任務分担をしておらず、それぞれの部隊ごとに、あるいは兵士個々人ごとに活動していた。このため、食料の用意や調理も自らがしなければならないので、炊事の煙が多く立ったのである。

食料補給路が断たれていた上杉軍は、一万三千人もの人数で妻女山に陣取って一月近くを過ごした。謙信や兵士たちはこの間の食料をどのようにしていたのだろうか。現代の登山でも一月分の食糧を携行するのは困難である。籠城にあたって一日に米六合を食べていたという話もあるが、五合とした場合、重さは七五〇グラムになる。三〇日分だとすると二二・五キロである。それに健康な成人の場合、一日に体重一キロにつき約三五ミリリットルの水が必要だと言われている。仮に体重が六〇キロの兵士の場合、二・一リットルを三〇日分となれば、六三リットルで一リットルが一キロ、六三キロの重さになる。それに米を加えると八五・五キロ、兵士たちは甲冑を身につけ、武器を携帯している。それなのにこれだけの重量と体積のあるものを持ち運べるわけがない。

仮に食料も水も充分だったとしても、食料を調理するための燃料・エネルギーはどうしたのだろうか。一万三千人分の食料を一月にわたって調理するには相当量の燃料が必要になる。周囲の樹木に燃料を求めたのなら、妻女山は丸裸の山になったはずである。また、一万三千人もが生活していたとなると排泄物だけでも大変な量になるが、その処理は誰がどのようにしていたのだろうか。

謙信は上杉軍一万三千人を率いて夜に八幡原に向かった。武田軍一万二千人は妻女山に登った。兵士は甲冑を身につけ、馬もいるのに、音も立てずに移動することは不可能である。これだけの大軍が移動するのにお互いに気がつかないのは絵空事にすぎない。それぞれ一万人を超す人々が移動できる道はあったのだろうか。謙信たちは山の上から下へ、武田の別働隊は山の下から上へ、別々のルートで気付かれないままに移動するのは無理である。もし、深夜双方ともこれだけの多人数で動いたならば、転んで踏み殺されたり、怪我をする者も続出したはずある。それぞれの兵士は軍馬のいななき、蹄の音、人の気配、そういった音や動きにまったく気がつかないほど、鈍感だったのだろうか。

武田軍の死者は四六三〇人（全体の二三・二％）以上、負傷者は七五〇〇人（三七・五％）、上杉方の死者三四七〇人（二六・七％）、負傷者は九四〇〇人（七二・三％）だという（人数については異同がある）。戦争に参加した四人に一人は死亡した、大変な肉弾戦だったことになるが、当時の戦争の仕方からすると死者の数が多すぎる。

一騎打ちはあったか

永禄四年の川中島の戦いと聞いて多くの人が思い起こすのは信玄と謙信の一騎打ちである。これについて『甲陽軍鑑』は、「萌黄《もえぎ》の胴肩衣を着た武者が白手拭で頭を包み、月毛の馬に乗り、三尺ばかりの刀を抜き持って、信玄が床几に座っているところへ一文字に乗り寄せて、切っ先はずしに三刀切った。信玄は立ってこれを軍配団扇で受けた。後で見れば団扇に八つの刀傷があった。武田家の御中間衆頭、二十人衆頭の都合二十騎の者どもは、敵味方にわからないように信玄を取り包み、寄る者たちを切り払った。中でも原大隅という中間頭が青貝の柄の鑓を持ち、月毛の馬に乗った萌黄の緞子の胴肩衣の武者を突いたところ、突きはずし、具足のわたがみをかけうって、馬の三頭《さんず》（後ろ脚の上部の骨）を叩いたので、馬は棒立ちになって走り去った。後で聞けばその武者は輝虎（謙信）であったと申したという」となっていて、確実に二人が戦ったとは記していない。

『甲陽軍鑑』をわかりやすくしたのが正徳五年（一七一五）年に増補した『武田三代軍記』だった。こちらでは謙信、信玄の一騎打ちになっている。多くの人は読みやすいこの本を前提にして川中島合戦を理解しているようである。

和歌山県立博物館所蔵の「川中島合戦図屏風」は上杉方の主張によって描かれている。慶長二十年（一六一五）にでき、寛文九年（一六六九）に写したという『川中島五箇度合戦之次第』は、「天文二十三年（一五五四）八月十八日、信玄が三十騎ばかりで御幣川《おんべがわ》を引き退いたところ、謙信は川の中に乗り込み二太刀斬りつけたので、信玄も太刀を合わせて戦った。武田の侍どもが謙信を中に取り籠めたが、なかなか彼に近づけなかった。そのうちに信玄と謙信は押し隔てられた。謙信は人間の挙動でなくて、鬼神のようだった。その時には謙信と知らず、甲州方で越後侍荒川伊豆守だと取り沙汰したという。のちに謙信と聞いて、討ち止めるべきだったのに残念だと皆で話した」と記している。同じ一騎打ちが場所も、年代も、動き方もまったく異なる。

両者が戦ったとする証拠に用いられるのは、永禄四年十月五日、公家の近衛《このえ》前久《さきひさ》から謙信にあてた書状に、謙信が「自分は晴信と戦って大利を得、八千人余りを討ち取った、自身太刀討ちに及んだ」と連絡したことが記されているからである。八千人を討ち取ったとすれば、武田軍の四割が死んだことになる。謙信は自分で太刀討ちに及んだとはいっても、信玄と一騎打ちしたとは述べていない。謙信は近衛前久へ、自分がいかに勇敢に戦ったかを大げさに報せており、この書状は一騎打ちの証明には使えない。

九月十日に川中島で大きな戦いがあり、多くの戦死者が出た。謙信も自ら太刀を取って戦わねばならない状況に置かれたが、信玄との一騎打ちは考えられない。

生活から歴史を考える

ややもすると歴史好きな方は歴史事実かどうかの確認をせずに、いわれてきたことをそのまま鵜呑みにし、知識総量が多いことを良いとする傾向がある。過去の事実は未来の生き方の基礎にならねばならない。その使い方を知らねば宝の持ち腐れである。

歴史を通じて私たちの未来、人類の未来にまで思いを寄せながら歴史を考えたい。本書の『戦国大名の日常生活』は、日常生活の視点なくして、歴史の真実に近づくことはできないだろうということに結びつく。

今世界を見るとウクライナへのロシア侵攻、ガザへのイスラエル攻撃など、大変な犠牲者を伴いながら戦争が続いている。それらの戦争は兵士でない一般人を多数巻き添えにしている。人類のいわゆる進歩は人殺しの道具の改良の歴史でもあった。原爆など大量殺人兵器は人類の幸福とは反対の性格のものである。

子供のころ手塚治虫の『鉄腕アトム』を読みながら原子力は科学は万能であり、その進歩が人類を幸せにすると夢見ていた。しかし、チェルノブイリ原子力発電所事故や福島第一原子力発電所事故などは、私たちの抱いてきた科学万能主義がいかにもろいものであるかを如実に示した。

今や人類は自らが排出する二酸化炭素などによって地球温暖化を招き、気候異常による大きな災害に見舞われている。人類は地球温暖化と戦わねばならないのに、いまだに国を単位とした利益を中心に戦争をしている。私たち個々人も自分の利益重視のことが多い。

この状況下に私たちはいかに行動していくべきか、一人ひとりが声を上げ、行動していかねばならない。

（二〇二四年十二月）

本書の原本は、二〇〇〇年に『戦国大名の日常生活—信虎・信玄・勝頼—』として講談社より刊行されました。

著者略歴

一九五一年　山梨県に生まれる
一九七七年　名古屋大学大学院文学研究科博士前期課程修了
現在、信州大学名誉教授、長野県立歴史館特別館長、博士（歴史学）

〔主要著書〕
『中世の災害予兆』（吉川弘文館、一九九六年）、『武田信玄』（中央公論社、一九九七年）、『鳴動する中世』（朝日新聞社、二〇〇〇年、のち吉川弘文館〈読みなおす日本史〉二〇二〇年）、『武田勝頼』（ミネルヴァ書房、二〇一一年）、『甲信の戦国史』（ミネルヴァ書房、二〇一六年）

読みなおす日本史

武田家三代
戦国大名の日常生活

二〇二五年（令和七）三月一日　第一刷発行

著　者　笹《ささ》本《もと》正《しょう》治《じ》
発行者　吉川道郎
発行所　株式会社吉川弘文館
郵便番号一一三―〇〇三三
東京都文京区本郷七丁目二番八号
電話〇三―三八一三―九一五一〈代表〉
振替口座〇〇一〇〇―五―二四四
https://www.yoshikawa-k.co.jp/

組版＝株式会社キャップス
印刷＝藤原印刷株式会社
製本＝ナショナル製本協同組合
装幀＝渡邉雄哉

ISBN978-4-642-07806-1

読みなおす日本史

刊行のことば

現代社会では、膨大な数の新刊図書が日々書店に並んでいます。昨今の電子書籍を含めますと、一人の読者が書名すら目にすることができないほどとなっています。ましてや、数年以前に刊行された本は書店の店頭に並ぶことも少なく、良書でありながらめぐり会うことのできない例は、日常的なことになっています。

人文書、とりわけ小社が専門とする歴史書におきましても、広く学界共通の財産として参照されるべきものとなっているにもかかわらず、その多くが現在では市場に出回らず入手、講読に時間と手間がかかるようになってしまっています。歴史の面白さを伝える図書を、読者の手元に届けることができないことは、歴史書出版の一翼を担う小社としても遺憾とするところです。

そこで、良書の発掘を通して、読者と図書をめぐる豊かな関係に寄与すべく、シリーズ「読みなおす日本史」を刊行いたします。本シリーズは、既刊の日本史関係書のなかから、研究の進展に今も寄与し続けているとともに、現在も広く読者に訴える力を有している良書を精選し順次定期的に刊行するものです。これらの知の文化遺産が、ゆるぎない視点からことの本質を説き続ける、確かな水先案内として迎えられることを切に願ってやみません。

二〇一二年四月

吉川弘文館

読みなおす
日本史

鎌倉幕府の転換点 『吾妻鏡』を読みなおす 永井　晋著 二二〇〇円

奈良の寺々 古建築の見かた 太田博太郎著 二二〇〇円

日本の神話を考える 上田正昭著 二二〇〇円

信長と家康の軍事同盟 利害と戦略の二十一年 谷口克広著 二二〇〇円

軍需物資から見た戦国合戦 盛本昌広著 二二〇〇円

武蔵の武士団 その成立と故地を探る 安田元久著 二二〇〇円

天皇家と源氏 臣籍降下の皇族たち 奥富敬之著 二二〇〇円

卑弥呼の時代 吉田　晶著 二二〇〇円

皇紀・万博・オリンピック 皇室ブランドと経済発展 古川隆久著 二二〇〇円

日本の宗教 日本史・倫理社会の理解に 村上重良著 二二〇〇円

戦国仏教 中世社会と日蓮宗 湯浅治久著 二二〇〇円

伊達政宗の素顔 筆まめ戦国大名の生涯 佐藤憲一著 二二〇〇円

武士の原像 都大路の暗殺者たち 関　幸彦著 二二〇〇円

海からみた日本の古代 門田誠一著 二二〇〇円

鳴動する中世 怪音と地鳴りの日本史 笹本正治著 二二〇〇円

本能寺の変の首謀者はだれか 信長と光秀、そして斎藤利三 桐野作人著 二二〇〇円

餅と日本人 「餅正月」と「餅なし正月」の民俗文化論 安室　知著 二四〇〇円

古代日本語発掘 築島　裕著 二二〇〇円

夢語り・夢解きの中世 酒井紀美著 二二〇〇円

食の文化史 大塚　滋著 二二〇〇円

後醍醐天皇と建武政権 伊藤喜良著 二二〇〇円

南北朝の宮廷誌 二条良基の仮名日記 小川剛生著 二二〇〇円

吉川弘文館
（価格は税別）

読みなおす
日本史

石の考古学　奥田　尚著　二二〇〇円

江戸武士の日常生活　素顔・行動・精神　柴田　純著　二四〇〇円

秀吉の接待　毛利輝元上洛日記を読み解く　二木謙一著　二四〇〇円

中世動乱期に生きる　一揆・商人・侍・大名　永原慶二著　二二〇〇円

弥勒信仰　もう一つの浄土信仰　速水　侑著　二二〇〇円

親　鸞　煩悩具足のほとけ　笠原一男著　二二〇〇円

道と駅　木下　良著　二二〇〇円

道　元　坐禅ひとすじの沙門　今枝愛真著　二二〇〇円

江戸庶民の四季　西山松之助著　二二〇〇円

「国風文化」の時代　木村茂光著　二五〇〇円

徳川幕閣　武功派と官僚派の抗争　藤野　保著　二二〇〇円

鷹と将軍　徳川社会の贈答システム　岡崎寛徳著　二二〇〇円

江戸が東京になった日　明治二年の東京遷都　佐々木　克著　二二〇〇円

女帝・皇后と平城京の時代　千田　稔著　二二〇〇円

武士の掟　中世の都市と道　高橋慎一朗著　二〇〇〇円

元禄人間模様　変動の時代を生きる　竹内　誠著　二二〇〇円

東大寺の瓦工　森　郁夫著　二二〇〇円

気候地名をさぐる　吉野正敏著　二二〇〇円

江戸幕府と情報管理　大友一雄著　二二〇〇円

木戸孝允　松尾正人著　二四〇〇円

奥州藤原氏　その光と影　高橋富雄著　二四〇〇円

日本の国号　岩橋小弥太著　二二〇〇円

吉川弘文館
（価格は税別）

読みなおす
日本史

武田家三代　戦国大名の日常生活
笹本正治著　二二〇〇円

正倉院　歴史と宝物
杉本一樹著　（続　刊）

猫絵の殿様　領主のフォークロア
落合延孝著　（続　刊）

日本幼児史　子どもへのまなざし
柴田　純著　（続　刊）

吉川弘文館
（価格は税別）